Annerose Sieck
Trauer bewältigen

Annerose Sieck

Trauer bewältigen

Tod und Trauer verstehen

Wieder ins Leben zurückfinden

Mit der Erinnerung leben

Bibliografische Information der Deutschen Nationalbibliothek
Die Deutsche Nationalbibliothek verzeichnet diese Publikation in der Deutschen National-
bibliografie; detaillierte bibliografische Daten sind im Internet über http://dnb.ddb.de abrufbar.

ISBN 978-3-86910-463-8

Dieses Buch gibt es auch als E-Book: ISBN 978-3-86910-919-0

Die Autorin: Im Abstand von nur fünf Monaten verstarben die Eltern der Journalistin und Autorin
Annerose Sieck. Aus der Leere des Augenblicks entwickelte sie ein Konzept, um diesen Verlust zu
verarbeiten und eine positive Sicht auf ihr Leben zurückzugewinnen.

Originalausgabe

© 2009 humboldt
Ein Imprint der Schlüterschen Verlagsgesellschaft mbH & Co. KG,
Hans-Böckler-Allee 7, 30173 Hannover
www.schluetersche.de
www.humboldt.de

Lektorat: Elmar Klupsch, Stuttgart
Covergestaltung: DSP Zeitgeist GmbH, Ettlingen
Innengestaltung: akuSatz Andrea Kunkel, Stuttgart
Titelfoto: Sven Hoppe / fotolia
Satz: PER Medien+Marketing GmbH, Braunschweig
Druck: Druckhaus „Thomas Müntzer" GmbH, Bad Langensalza

Hergestellt in Deutschland.
Gedruckt auf Papier aus nachhaltiger Forstwirtschaft.

Inhalt

Vorwort

Liebe Leserin, lieber Leser,
achtzehn Monate ist es jetzt her, dass mein Vater starb. Ich saß gerade
am Schreibtisch, als sein Bruder – sie lebten im selben Haus – anrief:
„Papa geht es sehr schlecht. Er bekommt keine Luft mehr, will aber
nicht, dass wir einen Krankenwagen rufen." Ich hatte morgens schon
das Gefühl gehabt, an diesem Tag würde etwas passieren. Mein Mann
alarmierte den Notdienst, und wir fuhren los. Dreißig Minuten Auto-
fahrt zu meinen Eltern, die ewig dauerten.

Der Krankenwagen stand vor dem Haus, als wir ankamen. Als ich
meinen Onkel in Tränen aufgelöst sah, wusste ich es: Ich war zu spät
gekommen. Mein Vater hatte seinem Bruder noch zugewinkt, als sie
ihn hinaustrugen, dann blieb sein Herz stehen. Mein Vater war sehr
krank gewesen, und es war abzusehen, dass seine Kraft nicht mehr
lange ausreichen würde. Trotzdem war der Schock groß. Ich wollte es
einfach nicht wahrhaben.

Irgendwie überstanden wir die nächsten Tage, die Beerdigung und
die Trauerfeier. Meine Mutter wirkte gefasst und „bewahrte Haltung".
Doch nur eine Woche später brach sie zusammen, und ich musste die
Trauer um meinen Vater zurückstellen. Wir regelten das Nötige und
holten sie immer wieder zu uns, aber es ging von Woche zu Woche
schlechter.

Eine Krankheit nach der anderen brach aus. Sie hatte meinen Vater vor
seinem Tod fast ein Jahr lang gepflegt und war am Ende ihrer Kraft.
Ich spürte, dass ihr Lebenswille nur noch sehr schwach war. Endlich –
nach monatelangem Kampf mit Arzt und Krankenkasse – bekam sie
eine Kur an der Nordsee bewilligt. Zwei Tage vor Antritt stürzte sie
in ihrer Wohnung und brach sich einen Wirbel. Nichts Schlimmes,
meinten die Ärzte. Sie müsse für zwei Monate ein Korsett tragen. Wir

bereiteten alles vor, um meine Mutter in das Krankenhaus unseres Wohnortes verlegen zu lassen, wo es eine gute Psychiatriestation gab. Doch es kam anders. Ein Jahr ist es jetzt her, dass meine Mutter im Krankenhaus ihres Wohnortes starb – nur vier Monate nach ihrem Mann. Ihr Herz hatte in der Nacht einfach aufgehört zu schlagen.

Die Trauer traf mich mit doppelter Wucht. Ich konnte gar nicht anders, als mich darauf einzulassen. Die Gefühle überrollten mich und hinterließen ein absolutes Chaos. Körperlich ging es mir sehr schlecht, ich konnte nicht mehr richtig schlafen und nahm immer weiter ab. Wann immer ich in den Spiegel schaute, sah ich meinen Vater oder meine Mutter, und schon ging es wieder los.

Heute trage ich ein fest geschnürtes Erinnerungspaket an meine Eltern in mir, das mir niemand nehmen kann. Doch der Weg dahin war schwer, und er ist nicht abgeschlossen, wird wohl nie ein Ende finden. Auch wenn es nicht mehr so schmerzt: Die Trauer über das, was ich jetzt nicht mehr habe, bahnt sich immer wieder ihren Weg.

Ich habe mich verändert, bin verletzlicher und empfindlicher geworden, habe große Verlustängste und spiele schon verrückt, wenn meine Katze nicht zur üblichen Zeit zurückkommt. Dann laufe ich panisch durch den Garten und rufe sie. Wer mich dabei beobachtet, hält mich bestimmt für verrückt. Das macht nichts. Ich habe mich verändert: Seit dem Tod meiner Eltern bin ich weniger bereit, Kompromisse einzugehen. Ich möchte mein endliches Leben nicht damit verbringen, Dinge zu tun, die ich nicht tun will. Irgendwo ganz tief in mir drin bin ich wohl ein Stück weit stärker geworden.

Wenn Sie diese Zeilen lesen, haben Sie vielleicht gerade den Verlust eines geliebten Menschen zu verarbeiten. Vielleicht möchten Sie aber auch einem Trauernden auf seinem Weg behilflich sein und wissen, welche Gefühle er erlebt und wie Sie ihm helfen können, die schwere

Zeit zu überleben. Es geht in der Tat ums Überleben. Die Trauer um einen Menschen, der einem nahestand, kostet über die Maßen Kraft – körperlich wie seelisch. Lassen Sie diese Trauer trotzdem zu und durchleben Sie sie, egal, was andere Menschen dazu sagen.

Auch wenn Trauer unzeitgemäß geworden ist: Wer sie als natürliche und damit sinnvolle Reaktion unterdrückt, muss mit langwierigen, meist psychosomatischen Störungen rechnen. Trauern heißt nicht stehen zu bleiben, sondern innerlich weiterzureifen, um irgendwann die ersten Schritte in ein verändertes Leben zu gehen. Mit der lebendigen Erinnerung an den Verstorbenen.

Trotzdem kann die zerstörerische Dimension des Todes gewaltig, die Grausamkeit des Sterbens größer sein als unsere Fähigkeit, damit zu leben. Wenn Gefühle von Leere und Depression übermächtig werden, ist es Zeit, von anderen Hilfe anzunehmen.

Annerose Sieck

© Thomas Max Muller – Pixelio

„Wie hab ich das gefühlt, was Abschied heißt.
Wie weiß ich's noch: ein dunkles unverwundnes
grausames Etwas, das ein schön Verbundnes
noch einmal zeigt und hinhält und zerreißt."

(Rainer Maria Rilke)

Ein Mensch ist gestorben

Eigentlich müsste sie jetzt gleich den Kaffee aufsetzen und die Dose mit den selbst gebackenen Keksen öffnen. Wir machen es uns dann am Küchentisch gemütlich und rauchen eine Zigarette. Und reden über die Nachbarn von unten, über die sie sich wieder einmal geärgert hat. Ich bin in der Wohnung meiner Mutter und suche Unterlagen für den Bestatter zusammen. Kein Kaffeeduft, kein Klappern von Geschirr, keine Kekse. Nur ihre Brille liegt auf dem Tisch. Daneben ein Einkaufszettel. Ihr Stuhl bleibt leer, meine Mutter ist für immer gegangen.

Jäh oder vorhersehbar: Ein Leben geht zu Ende

Von einer Minute auf die andere ist alles anders. Ein Mensch, mit dem man sehr verbunden gewesen war, ist gestorben. Nie wieder wird der Partner zuhören, nie wieder wird man mit dem Freund gemeinsam essen, nie wieder wird das Kinderlachen das Haus erfüllen, nie wieder wird man den Eltern eine kleine Freude machen können. Der Tod eines Angehörigen oder engen Freundes, zu dem man eine intensive Beziehung pflegte, bringt Leid mit sich. Er wirft uns aus der Bahn. Wie verlieren den Boden unter den Füßen.

Auch wenn wir es schon gewusst oder zumindest geahnt haben, dass der Betroffene bald sterben könnte, weil er sehr krank war, blickten wir nicht über den Rand der wenigen Wochen und Tage hinaus. Wir mögen uns vorgestellt haben, schockiert zu sein, sollte der Tod plötzlich eintreten. Aber wir haben nicht damit gerechnet, dass dieser

Schock uns auslöschen, Körper und Seele tilgen würde. Wir mögen erwartet haben, dass wir niedergeschmettert, untröstlich, verrückt sind angesichts des Verlustes, aber nicht, dass wir im wahrsten Sinne des Wortes ver-rückt sein würden. Die Endgültigkeit des Todes löst starke Gefühle aus – nicht nur Trauer und Leid, auch Angst und den freien Fall in eine bis dahin unbekannte Leere.

Der Umgang mit dem Tod

Obwohl jeder um die Endlichkeit des eigenen Lebens weiß, fällt der Umgang mit dem Tod schwer. Denn der Tod macht uns Angst. Er erinnert uns an unsere Sterblichkeit. Das Leiden zwischen Leben und Tod haben wir deshalb weit an den Rand des Mit-Erlebens gedrängt. Unsere Gesellschaft hat, um mit dem deutsch-jüdischen Philosophen Walter Benjamin zu sprechen, „den Leuten die Möglichkeit verschafft, sich dem Anblick von Sterbenden zu entziehen".

In Deutschland sterben jährlich etwa 900 000 Menschen – mehr als zwei Drittel von ihnen in Krankenhäusern und Pflegeheimen, nur wenige zu Hause im Kreis ihrer Nächsten. Wir haben die Begleitung Sterbender, den Umgang mit den Toten an professionelle Helfer delegiert, an Mediziner, Pfleger, Pfarrer und Beerdigungsunternehmer. Viele Menschen sterben einsam, unbemerkt, ohne jegliche Begleitung.

Die heutige Generation ist dem Tod gegenüber so rat- und hilflos, wie es wahrscheinlich keine vor ihr war. Wir verdrängen wie Kinder, die sich die Hand vor die Augen halten und rufen „Keiner sieht mich", das Thema Tod und Sterben. Als ginge es uns nichts an, als redeten wir den Tod nur herbei, würden wir darüber sprechen. Dabei wäre es so wichtig, bestimmte Dinge schon frühzeitig zu klären, um den Druck von der Seele zu nehmen. Viele Jüngere trauen sich nicht, ihre Eltern zu fragen, wie sie sich ihr Leben zum Beispiel im Fall einer Pflegebedürftigkeit vorstellen und wie sie sich im Fall des Todes Beerdigung und Grabstätte wünschen. Ältere mögen den Kindern ihre Gedanken hierüber oft nicht mitteilen, weil sie fürchten zu hören: „Sprich bitte nicht vom Tod, Papa, bis dahin ist es noch lang!"

Unmissverständlich wird so signalisiert, dass der Vater das eigene Kind mit diesem Thema quält oder gar belästigt. Und wer will seine Kinder schon quälen? Die jüngere Generation trägt durch ihre Worte und Verhaltensweisen oft unbewusst zum Schweigen zwischen den Generationen über wichtige Lebensfragen bei. Für die meisten von uns ist es schon furchterregend, überhaupt daran zu denken, dass die Eltern oder Verwandte einmal sterben könnten. Deshalb vermeiden wir es grundsätzlich, uns damit zu befassen, geschweige denn, darüber zu reden.

> **Die heutige Generation ist dem Tod gegenüber so rat- und hilflos, wie es keine vor ihr war.**

Vielen ist es peinlich, sich mit den Angehörigen über das Thema Tod auseinanderzusetzen. Sie wollen nicht dahingehend missverstanden werden, dass sie den anderen bald unter der Erde wähnen. Das Reden über den Tod hat etwas derart Intimes an sich, dass schon ein kurzer Hinweis darauf verlegen machen kann. Die Gründe dafür sind vielfältig und haben doch eines gemein: Die Frage nach dem Tod offenbart die Wahrhaftigkeit der Lebensbeziehung zueinander. Das macht das Reden über den Tod so unendlich schwer.

Dem Sterbenden nahe sein

Ein Jahrhundert zuvor sah das noch ganz anders aus: Während der letzten Tage im Leben eines Menschen versammelte sich die Familie, die gesamte Verwandtschaft, Freunde, ja, auf dem Land kam nicht selten das ganze Dorf, um sich von dem Sterbenden zu verabschieden, ihm noch einmal Wertschätzung zu bezeugen. Sterben und Tod hatten ihren Platz in den Familien. Von Kindheit an konnte jeder eine unmittelbare Erfahrung damit machen und das Abschiednehmen erlernen. Werden heute Fünfzigjährige zum ersten Mal mit dem Tod konfrontiert, weil ein Elternteil stirbt, war es vor einem Jahrhundert bereits für Kinder normal, einen Toten zu sehen. Sterben war und ist ein Teil des Lebens und hat viele Gesichter: manchmal sanft und friedlich, häufig von Leid und Schmerzen begleitet.

Der Tod eines nahen Angehörigen ist ein belastendes, einschneidendes Ereignis. Der Verlust wird im ersten Moment meist noch nicht realisiert. Wie in Watte verpackt, völlig abgeschnitten von der Realität, steht der Hinterbliebene da. Ein böser Traum, aus dem es gleich ein Erwachen gibt? Betäubt, starr, empfindungslos. Stilles Weinen, lautes Schluchzen, der Zusammenbruch. Reaktionen auf den Tod, die mehrere Wochen anhalten können. Dieses Auf und Ab der ersten unmittelbaren Trauer ist völlig normal. Wer die Chance hatte, sich zuvor von dem Verstorbenen verabschieden zu können, leidet nicht weniger, findet aber Trost darin, dass der Kontakt nicht unvermittelt abriss.

Ist ein Ihnen nahestehender Mensch schwer erkrankt und zeichnet sich sein Tod ab, sollten Sie deshalb offenstehende Fragen klären, echte oder vermeintliche Verletzungen vergeben, die gemeinsame Beziehung Revue passieren lassen – und sich verabschieden. Schon vor dem Tod können Sie so mit der Trauerarbeit beginnen und damit dem Schmerz nach dem Tod des geliebten Menschen vieles von seinem Schrecken nehmen. Viel zu selten wird diese Möglichkeit genutzt. Stattdessen investieren Betroffene aus Angst, etwas falsch zu machen, so viel Zeit und Energie in die Pflege, dass solche Gespräche gar nicht erst aufkommen können.

Martin Luther hat einmal gesagt: „Am Ende des Lebens sind eigentlich nur noch zwei Sachen wichtig: Die Frage, wen muss ich noch um Verzeihung bitten und wem muss ich noch etwas verzeihen." Abschiednehmen ist ein ganz wesentlicher Bestandteil des Trauerns. Neben dem Bewusstwerden des Verlustes und dem späteren Verarbeiten ist

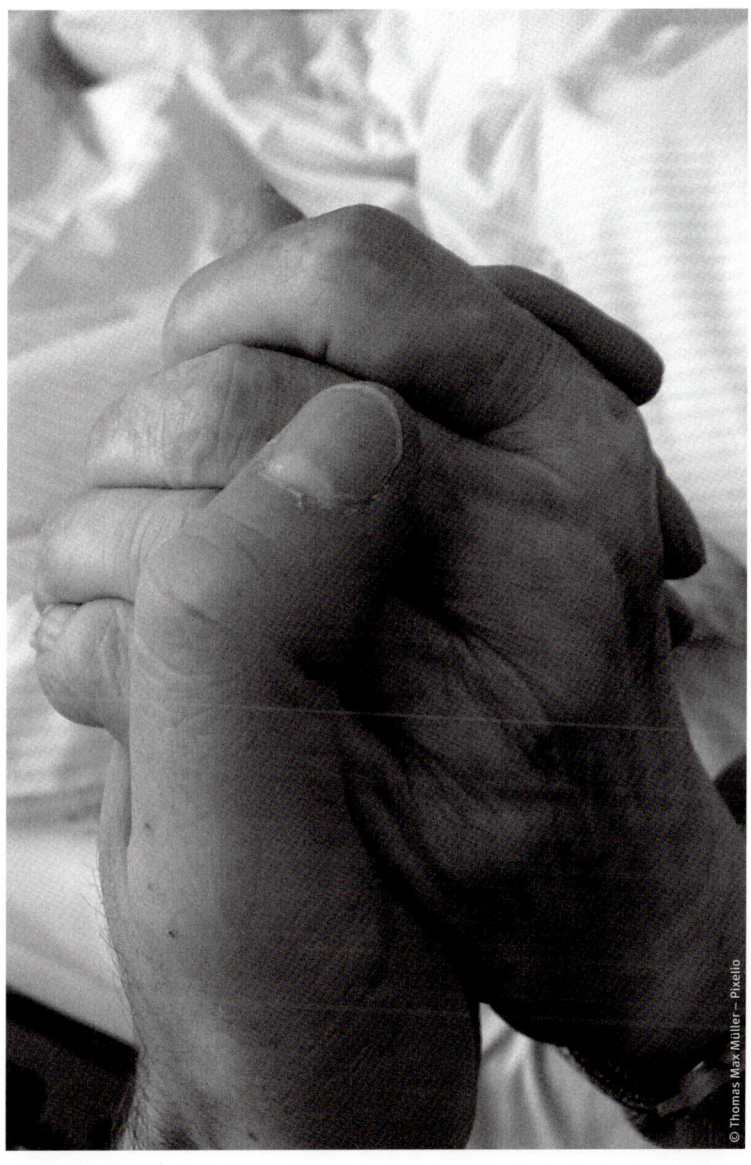

Abschied von einem Nahestehenden – eine wichtige Säule der Trauerarbeit.

dies vermutlich eine der wichtigsten Säulen. Sterben und Tod einer nahestehenden Person konkret mitzuerleben ist eine tiefe Erfahrung. Mitzuerleben, wie der Tod naht, löst intensive Gefühle aus: Angst, Schrecken, Wut, Trauer, Schuld, Verzweiflung. Aber auch Nähe, Verbundenheit sowie religiöse Empfindungen und Fragestellungen sind in dieser Situation normal und natürlich. Sowohl für den Menschen, der Abschied nimmt, wie für jene, die ihn gehen lassen müssen.

Schuldgefühle können das Loslassen und Sterben schwer machen. Hier kann eine Aussprache hilfreich sein. Wenn Sie den Sterbenden danach fragen, was ihn belastet, geben Sie ihm Zeit und die Chance, sich zu versöhnen. Wenn Sie als Angehöriger oder guter Freund dem Sterbenden noch etwas sagen möchten, dann tun Sie es. Es kann wichtig sein, Danke zu sagen, sich der schönen gemeinsamen Zeiten zu erinnern und auszusprechen, was einem der andere im gemeinsamen Leben geschenkt und gegeben hat.

Von einem geliebten Menschen Abschied zu nehmen kostet Kraft. Viele Gedanken gehen einem durch den Kopf, eine Menge Gefühle durchs Herz. Fragen tauchen auf. Den Sterbenden bei seinem letzten Weg in Liebe und Anteilnahme zu begleiten macht aber keineswegs nur traurig, es macht auch froh, vor dem Tod nicht geflüchtet zu sein, und lindert durch das Fehlen von Schuldgefühlen den Schmerz und die Trauer.

Kurz nach dem Tod ihrer Mutter schrieb die französische Ethnologin Anne Philipe: „Es war Viertel nach neun. Ich wusste nicht, was ich empfand: Eine gewisse Ruhe, fast das Bedürfnis zu schlafen, und eine Art Erleichterung. Sie war gestorben, wie sie es gewollt hatte, in ihrem Haus und in ihrem Bett, in meiner Nähe und ich in ihrer Nähe mit Körper und Herz. Uns liebend."

Vertrauen Sie Ihrer inneren Stimme. Lassen Sie den Sterbenden spüren, dass Sie für ihn da sind, um ihn auf seinem letzten Weg zu begleiten. Begleiten meint, sich auf den Betroffenen einzulassen, ihn in seiner Angst zu verstehen und seine Gefühle zu respektieren, ohne ihn zu verurteilen. Schmerz, Leid und Tod gemeinsam zu durchleben und anzunehmen, dabei eine ruhige Umgebung zu schaffen und das zu tun, was der Sterbende sich wünscht.

Für die meisten Menschen ist es schwer, über das eigene Ende zu reden. Wenn sie es tun, sollten wir nicht mit banalen Worten darüber hinweggehen, sondern aufmerksam und einfühlsam antworten. Ergreifen Sie in diesem besinnlichen Moment die Initiative und sprechen Sie mit Ihren Angehörigen über den Tod. Sie werden erfahren, dass vieles offenbar wird, was Sie zuvor nur ahnten oder überhaupt nicht wussten. Wer derartige Gelegenheiten nicht nutzt, wird wohl erst sehr viel später nach dem Tod eines Menschen entdecken, was er schon zu dessen Lebzeiten hätte erfahren können – und müssen.

Über den Tod reden

„Es muss uns deshalb um eine neue Kultur des Sterbens gehen. Um ein Verständnis vom Leben, dass das Sterben selbstverständlich mit einschließt. Um die Weitergabe von Traditionen, wie selbstverständlich mit dem Sterben umgegangen werden kann, und um das Ausbilden neuer Rituale. Um die eigene Auseinandersetzung mit dem Tod. Was soll sein, wenn dies oder jenes eintritt. Will ich Sarg oder Urne, Blumen, ein fröhliches Lied? Oder interessiert mich das alles gar nicht, weil ich ohnehin nicht dabei bin? Es geht um den Abbau von Berührungsängsten und Gesprächsbarrieren. Reden wir! Das erfordert Bereitschaft, sich dem auszusetzen und hinzuhören. Auch zwischen die Zeilen, wenn das Gegenüber vielleicht etwas sagen will, sich aber nicht recht traut. Und vielleicht wäre Mutter oder Opa auch dankbar dafür, wenn man mal fragt. Wie befreiend wäre das, wie viel enger könnten die Bande sein, wenn man dieses Thema nicht aussparen muss. Am Ende ist es dann zu spät und der Schmerz groß."

(Katrin Göring-Eckardt, Vizepräsidentin des Deutschen Bundestags)

Wenn der Tod unerwartet kommt ...

„Der Tod ist groß. Wir sind die Seinen, lachenden Munds. Wenn wir uns mitten im Leben meinen, wagt er zu weinen. Mitten in uns." So sah es einst Rainer Maria Rilke. Oft bleibt keine Zeit, sich auf den Tod einzustellen. Der Betroffene selbst wird von einer Krankheit überrascht, dass er keine Möglichkeit hat, seine Gedanken und Gefühle zu sortieren, geschweige denn, sich auf den Tod vorzubereiten und seine Angelegenheiten zu ordnen.

Ein plötzlicher Tod kann verschiedene Ursachen haben: eine Erkrankung wie Schlaganfall oder Herzinfarkt, einen Unfall, der auf menschliches Versagen, wie etwa beim Steuern eines Autos, oder auf ein natürliches Phänomen, etwa einen Sturm oder ein Erdbeben, zurückzuführen ist, oder einen körperlichen Angriff, um nur einige zu nennen. Ob ein Mensch durch die Hand eines Mörders, im Straßenverkehr durch eigenes Verschulden stirbt, sich das Leben nimmt oder von heute auf morgen einem körperlichen Leiden erliegt, es ist jedes Mal ein tiefgreifender Schock und eine große Tragödie.

Bei einem unerwarteten Tod reißt die Verbindung unvermittelt ab, ein Abschied von Seele zu Seele ist dann nicht mehr möglich. Fast jeder Trauernde berichtet später über ungewöhnliche Erlebnisse und Nachtod-Begegnungen in Symbolen, Gedanken und Träumen. Die Intensität solcher Begegnungen und der Einfluss auf das weitere Leben, so irritierend sie für Außenstehende sein mögen, zeugen von großem Bewegt-Sein.

Die fehlende Möglichkeit, sich von einem Menschen, dem man gefühlsmäßig sehr nahe steht, zu verabschieden, und der Schock des unerwarteten Todes erschweren das Trauern in besonderem Maß. Manche Trauernde ziehen sich in sich selbst zurück, andere werden verbittert, wütend und verzweifelt oder quälen sich mit Selbstvorwürfen. Häufig finden Hinterbliebene Gründe, sich für den Tod des geliebten Menschen schuldig zu fühlen oder eine irgendwie geartete Verantwortung daran zu tragen, egal, unter welchen Umständen dieser ums Leben kam.

Wenn Sie einen „sinnlosen" Verlust erleiden, der hätte verhindert werden können, schmerzt nicht nur der Verlust, sondern auch die Tatsache, dass gerade der Tod dieses einen Menschen so überflüssig war. Ist ein guter Freund bei einem Autounfall ums Leben gekommen, den zum Beispiel ein Betrunkener verursacht hat, sind Sie nicht nur am Boden zerstört, weil Sie Ihren Freund verloren haben, sondern auch, weil dessen Tod sinnlos war.

Viele plagen sich mit dem Gedanken, wie wohl ihr Angehöriger seinen Tod erlebt haben mag. Sie träumen, dass der Verstorbene um Hilfe schreit und sie hilflos zusehen müssen. Wenn uns die Trauer übermannt, setzt ein Verteidigungsmechanismus ein. Wir sind überzeugt, dass wir nicht annähernd so leiden würden, könnten wir in diesem Verlust einen Sinn sehen. Doch egal, mit welcher Theorie Sie einen Verlust zu erklären oder zu deuten versuchen, es bringt den geliebten Menschen nicht zurück und erspart uns auch nicht den Trauerprozess.

Bei unerwartetem Tod reißt die Verbindung unvermittelt ab, ein Abschied von Seele zu Seele ist nicht mehr möglich.

Stellen Sie sich vor, Ihr Vater würde ganz natürlich und in hohem Alter sterben. In diesem Fall können Sie sicher sein, dass es einen guten Grund für den Tod gibt: Sein Körper konnte sich nicht länger erneuern und weiter funktionieren. Trotz dieser vernünftigen Erklärung dürfen Sie nicht erwarten, dass Sie angesichts des Verlustes weniger trauern. Da hilft auch der häufig geäußerte Satz nicht: „Er hat sein Leben doch gelebt." Für Sie hätte Ihr Vater ewig weiterleben sollen.

In vielen Fällen tritt der Tod eines Angehörigen auf dem Weg ins oder im Krankenhaus ein. Dort gehört es zum Alltag, dass Menschen ihren Krankheiten oder Verletzungen erliegen. Lange Zeit war dieses Thema tabu – über den Tod in der Klinik wurde so wenig wie möglich gesprochen, weil er als Scheitern, als Versagen der Ärzte und der Medizin galt. Inzwischen hat sich vieles geändert. Zum Selbstverständnis vieler Kliniken gehört es heutzutage, auch für Sterbende da zu sein, deren letzte Lebensphase so angenehm wie möglich zu gestalten und ihnen zu helfen, in Würde zu sterben. Dazu gehört, dass Sterbende in einem Einzelzimmer untergebracht werden, in dem Angehörige ungestört Abschied nehmen können. Das gilt auch für den Fall, dass der Betroffene bereits tot ist, wenn die Angehörigen eintreffen.

Viele Kliniken bahren den Toten einige Stunden auf und geben der Familie die Möglichkeit, bei dem Verstorbenen zu verweilen. Jeder Mensch hat das Recht, sich in der Form von einem Verstorbenen zu verabschieden, die für ihn passend und richtig erscheint. Leider wird Trauernden in vielen Fällen immer noch das Recht abgesprochen, selbst zu entscheiden, ob sie den Verstorbenen zum Beispiel noch einmal sehen möchten. Lassen Sie sich von Aussagen wie „Behalten Sie den Toten so in Erinnerung, wie er war" nicht abhalten. Die meisten Betroffenen wollen in Ruhe von dem Verstorbenen Abschied nehmen und wissen sehr gut, was sie sich zumuten können. Sie brauchen nur ein wenig Unterstützung und Ermutigung.

Abschiednehmen ist wichtig, um be-greifen zu können, dass ein Partner, Elternteil, Kind oder Freund tot ist. Unsere Sprache gibt uns mit diesen Begriffen die Richtung vor: begreifen, anfassen, erleben. Vielen wird erst in einem solchen Moment klar, dass der geliebte Mensch wirklich nicht mehr lebt. Betroffene, denen das Abschiednehmen verwehrt wurde, berichten davon, dass sie sehr darunter litten, den Verstorbenen nicht noch einmal gesehen zu haben.

Abschiednehmen ist Teil des Trauerprozesses. Schafft man dem Betroffenen die Möglichkeit, sich vom Verstorbenen zu verabschieden (also die Leiche zu sehen), so verhindert man, dass der Trauernde die Realität verzerrt oder idealisiert im Gedächtnis abspeichert.

Dem Leben selbst ein Ende setzen

Eine Selbsttötung ist ein besonders gelagerter und komplexer Verlust. Setzt jemand seinem Leben ein Ende, weiß man definitiv, wer für diesen Tod verantwortlich ist, auch wenn man nicht alle Umstände kennt, die dazu geführt haben. Erschwerend kommt hinzu, dass die Selbsttötung von fast allen Religionen und Gesellschaften einhellig missbilligt wird. Die Hinterbliebenen empfinden deshalb neben den zwangsläufigen Schuldgefühlen eine tiefe Scham. Die zurückbleibende Familie ist dreifach belastet: mit der Schande des Selbstmords, mit Schuldzuweisungen und mit der Trauer über den Verlust.

Auch wenn der Suizid generell als unnötiger Tod angesehen wird, gibt es hier Unterschiede. Denken Sie nur an den alten Mann, der an den schlimmer werdenden Schmerzen und fortschreitenden körperlichen Fehlfunktionen durch eine unheilbare Krankheit leidet und endlich sterben will. Oder an den Fall eines jungen, gesunden Mädchens, das, zermürbt von Depressionen und Selbstzweifeln, seinem Leben ein Ende setzt. Aus religiöser und gesellschaftlicher Sicht besteht zwischen diesen beiden Fällen wohl kaum ein großer Unterschied: Beide gelten als sinnlos und unnötig.

Die meisten Menschen sehen das allerdings nicht so strikt. Viel wichtiger ist, dass auch die Hinterbliebenen dieser beiden Menschen um den Verlust ganz unterschiedlich trauern werden. Für den todkranken alten Mann, der nicht mehr weiterleben will, empfindet die Familie wahrscheinlich ein gewisses Verständnis. Vielleicht ist sie auch erleichtert, weil er nicht mehr die schlimmen Schmerzen ertragen und den weiteren Verfall erleben muss. Die Angehörigen des jungen Mädchens werden eher nicht verstehen können, dass sie sich umbringen musste. Sie werden mit Schuldgefühlen kämpfen, weil sie nicht in der Lage waren, diesen Tod zu verhindern. Und sie werden den Verlust als ebenso sinnlos wie tragisch empfinden.

Suizid macht Angst und lässt eine Mauer des Schweigens wachsen, hinter der sich der Trauernde einsam und verlassen fühlt. Unweigerlich gehen die Gedanken in die Vergangenheit. Die Erinnerung ruft die letzten Tage in allen Details immer wieder ins Gedächtnis zurück. Vom Wunsch geleitet zu verstehen, suchen Trauernde nach dem Moment, in dem die Weiche gestellt wurde, wo sie deutlich hätten erkennen müssen, was sich ereignen würde.

Schuldgefühle drücken sich in quälenden Worten aus: „Hätte ich nicht sehen müssen, in welch desolater Verfassung mein Vater war, als er auf den Dachboden ging, um sich zu erhängen?" Oder: „Hätte ich nicht am Gesichtsausdruck meiner Tochter erkennen müssen, dass sie so verzweifelt ist und sich die Pulsadern öffnet? Ich habe doch vorher noch mit ihr gesprochen! Und für mich deutete nichts darauf hin, dass sie in den Tod gehen würde. Doch jetzt weiß ich mehr, sehe auch mehr und bin sicher, ich hätte das alles verhindern können." Wer kennt es nicht, dieses vernichtende Urteil einer inneren Richterstimme?

Oft wächst den Hinterbliebenen eine Wut im Bauch, die sie unter Umständen gegen sich selbst richten, weil sie die Anzeichen nicht deuten und den Suizid nicht verhindern konnten. Der Zorn richtet sich aber auch gegen den Verstorbenen selbst, weil er sich nicht um Hilfe bemüht, sondern sich einfach aus dem Leben verabschiedet und die Familie in einen Albtraum gestürzt hat. Er kann sich auch gegen Ärzte wenden, die nicht verhindern konnten, was da geschah. Oft ist es eine ohnmächtige Wut, die ihr Objekt sucht

Suizid macht Angst und lässt eine Mauer des Schweigens wachsen, hinter der sich der Trauernde verlassen fühlt.

und sich dann gegen einen Gott richtet, der das Geschehene zugelassen hat. Diese Seite der Trauer zu durchleben ist nicht leicht. Der Suizid eines Angehörigen zwingt jeden Menschen in die Knie, und in den allermeisten Fällen ist es sinnvoll oder sogar nötig, sich einer Trauerbegleitungsgruppe anzuschließen.

> *„Du bist ein Schatten am Tag, und in der Nacht ein Licht.*
> *Du lebst in meiner Klage, und stirbst im Herzen nicht.*
> *Wo ich mein Zelt aufschlage, da wohnst du bei mir dicht.*
> *Du bist mein Schatten am Tage, und in der Nacht mein Licht.*
> *Wo ich auch nach dir frage, find ich von dir Bericht.*
> *Du lebst in meiner Klage, und stirbst im Herzen nicht.*
> *Du bist ein Schatten am Tage, doch in der Nacht ein Licht.*
> *Du lebst in meiner Klage, doch stirbst im Herzen nicht.“*
>
> (Friedrich Rückert)

Traditionelle und individuelle Rituale

In vielen Kulturen wurde das Sterben zu einer Zeremonie im Kreis der Familie. Jung und Alt gingen wie selbstverständlich mit dem Tod um. Die vielen Gefallenen des Zweiten Weltkrieges haben unsere Sterbekultur jedoch nachhaltig verändert.

Nur wenige haben in ihrem Leben schon einmal einen Sterbenden begleitet oder einen Toten für die Beerdigung vorbereitet. Allein der Gedanke daran löst Unbehagen aus. Die vielen hilfreichen Rituale im Umgang mit einem Toten sind vergessen. Die Aufbahrung in der Zeit bis zur Bestattung erfolgt heute meist im geschlossenen Sarg beim Bestatter – mit Zugangsmöglichkeiten rund um die Uhr – oder in der Leichenhalle des Friedhofs. Doch sie ist auch in der Klinik, im Pflegeheim oder zu Hause möglich.

Zu Hause darf der Verstorbene bis zu sechsunddreißig Stunden aufgebahrt werden, auch wenn er zuvor in einer Klinik gestorben ist. Angehörige und Freunde können beim Verstorbenen wachen, sich verabschieden, über den Toten plaudern, Erinnerungen austauschen, die Trauerfeier planen und die Verteilung der Aufgaben regeln. Die Totenwache ist vermutlich daraus entstanden, in einem Sterbehaus nicht schlafen zu dürfen, weil man sonst nachstürbe, oder aus dem Gefühl heraus, den Toten vor finsteren Gestalten wie Dämonen und Teufeln „beschützen" zu müssen. Geweihte Kerzen werden neben dem Leichnam aufgestellt, die nicht verlöschen dürfen, solange der Tote im Haus ist.

Die letzte Waschung des Toten übernimmt im Krankenhaus oder in Heimen das Pflegepersonal, in anderen Fällen der Bestatter. Auch Angehörige können dem Verstorbenen diesen letzten Dienst erweisen. Immer mehr Bestatter bieten Hinterbliebenen die Möglichkeit, sich an der Totenwaschung zu beteiligen und dem Verstorbenen das Sterbekleid anzulegen, das sie für ihn ausgewählt haben – meist Kleidungsstücke, in denen der Verstorbene sich zu Lebzeiten wohlfühlte.

Neben aller funktionalen Routine haben sich in den letzten Jahren neue Muster im Umgang mit dem Tod entwickelt. Was den Menschen bereits aus der Hand genommen zu sein schien, wird durch viele Initiativen auf ermutigende Weise zurückerobert: der selbst bestimmte Tod. Wegweisend waren wohl die Hospizdienste, deren Anliegen es ist, Schwerstkranken und sterbenden Menschen ein möglichst beschwerdefreies und würdiges Leben bis zuletzt zu ermöglichen und Angehörige in dieser Hinsicht zu unterstützen.

Rituale entlasten und schaffen Orientierung. Gerade in den Stunden nach einem Todesfall spüren Hinterbliebene die Anwesenheit eines Verstorbenen noch sehr stark, und das macht Angst. Alle Trauerbräuche sind Übergangsriten, die durch ein Ende gekennzeichnet sind, und auf diese Weise der Angst vor der Rückkehr der Toten begegnen. In Märchen und Sagen tauchen die nicht zur Ruhe kommenden Toten als Wiedergänger auf, die den natürlichen Fortgang des Lebens behindern. Denn die Toten gehören in ihr Reich, das von dem der Lebenden streng geschieden ist.

Früher saßen in südlichen Ländern die Angehörigen eines Verstorbenen einige Tage im verdunkelten Zimmer, manchmal auf dem Boden. Selbst das Haus trug in manchen Gegenden Trauerzeichen, Spiegel wurden abgehängt oder mit Tüchern bedeckt, und das Sterbezimmer wurde abgeschlossen, nachdem der Tote vom Haus zum Friedhof getragen worden war. Man wollte nicht sofort alle Spuren tilgen und den Verstorbenen mit diesem Brauch zufriedenstellen. Die Überlebenden wollten ihm so zeigen, wie schwer der Verlust für sie sei. Auf der einen Seite sollen Traueräußerungen den Toten mit der Gemeinschaft, die er verlassen musste, versöhnen; auf der anderen Seite dienen sie aber auch der Abwehr des Todes allgemein.

Rituale und Abläufe

Die Vorstellung von einem Leben nach dem Tod findet sich in den meisten Religionen, und ihre Bestattungsrituale spiegeln das Verständnis von einem Jenseits: Christen, Juden und Muslime glauben, dass der Tote in ein göttliches Himmelreich zieht. Da er Gott unversehrt gegenübertreten soll, bestatten Anhänger dieser Religionen ihre Verstorbenen traditionell in Erdgräbern.

In asiatischen Religionen wie dem Hinduismus glaubt man dagegen, dass der Körper sterblich ist und das Wesen des Verstorbenen wiedergeboren wird. Dafür wird sein Leichnam vollständig verbrannt. Weltliche, nicht religiöse Bestattungsrituale betonen in der Regel eher das gelebte Leben des Verstorbenen.

Neben religiösen gibt es auch kulturelle Unterschiede. Im Süden der USA hat sich der Brauch der „Bestattungen mit Musik" entwickelt, bei

▶

denen dem Tod das Erschreckende durch fröhliche Musik genommen werden soll. Jazz ist ein wichtiger Teil dieses Brauches. In Österreich wird manchmal noch die „schöne Leich" gefeiert. Dabei handelt es sich um die Sitte, einen Verstorbenen standesgemäß bei einem prunkvollen Begräbnisfest zu bestatten.

Sowohl weltliche als auch religiöse Bestattungsrituale erfüllen bestimmte soziale und psychisch stabilisierende Funktionen: Religiöse Rituale dienen häufig dazu, dem Verstorbenen beim Übertritt in ein neues Leben behilflich zu sein. Das zeigt sich in der Wahl der Bestattungsart, aber auch darin, dass für den Verstorbenen gemeinsam gebetet wird. Ritualisierte Handlungen wie die Aufbahrung oder das Werfen von Erde auf das Grab geben den Angehörigen die Möglichkeit, sich in einem sie stützenden Rahmen vom Toten zu verabschieden. Gleichzeitig wird durch diese Rituale auch die Endgültigkeit des Abschieds symbolisiert.

Durch Kondolenzbesuche oder durch die Anwesenheit von Trauergästen bei der Bestattung wird den Hinterbliebenen vermittelt, dass sie in ihrer Trauer nicht allein sind. Gleichzeitig verweisen Rituale darauf, dass das Leben trotz des Verlustes nicht stehen bleibt. Ausdruck findet diese Idee häufig in Form eines gemeinsamen Essens, bei dem sich die Trauergäste treffen und sich an den Verstorbenen erinnern.

Derzeit entwickelt sich hierzulande ein starker Trend zu weltlichen Bestattungen und zu individuellen Ritualen: Sie müssen nicht mehr zwingend den traditionellen Abläufen folgen, sondern können auch persönlich gestaltet werden.

Vieles ist zu regeln und zu organisieren ...

Bei Trauernden hinterlässt der erlittene Verlust eine tiefe Wunde. Wenn das, was uns ans Herz gewachsen ist, fortgerissen wird, erleiden wir eine ernste Verletzung. So ist der Schock die erste natürliche Reaktion auf den Tod eines nahestehenden Menschen. Wie bei körperlichen Wunden hat er zunächst eine Schutzwirkung. Er betäubt den ersten Schmerz.

Angesichts der gähnenden Leere der Wohnung, der einsamen Zahnbürste im Bad oder der Plüschtiere im Kinderzimmer fühlen sich viele Trauernde anfangs einsam und bedroht. Viele Betroffene handeln in den ersten Tagen danach wie von Geisterhand gesteuert. In dieser Phase tut es Ihnen gut, Menschen an Ihrer Seite zu wissen, die, wo nötig, anpacken, aber auch alles unterlassen, was Ihre Trauer und Ihr Leben nach dem Verlust erschweren und behindern würde.

Angehörige, Freunde, Arbeitgeber und Kollegen, aber auch Behörden müssen über den Todesfall informiert und eine Todesanzeige aufgegeben werden. Außerdem sind Formalitäten zu erledigen und die Bestattung innerhalb weniger Tage zu organisieren. Wenn Sie bereits zu Lebzeiten mit Ihrem Partner, Elternteil oder Freund besprochen haben, was im Fall eines Todes zu tun ist, haben Sie eine Last weniger zu tragen. Sie wissen, was sich der oder die Verstorbene vorstellte, und können diesen Wunsch umsetzen.

Der Schock hat als natürliche Reaktion auf den Tod eines nahestehenden Menschen eine Schutzwirkung.

Anders sieht es aus, wenn Sie unvorbereitet vor solchen Entscheidungen stehen und keine Erfahrung im Umgang mit dem Tod haben. Wählen Sie die Form, die sich der Verstorbene gewünscht hat bzw. die Ihrem Gefühl nach zu ihm passen würde. Nicht jeder braucht ein Grab, an das er gehen kann, um seiner Trauer Ausdruck zu verleihen. Trauerorte gibt es viele.

In den 1980er-Jahren setzten die bunten Luftballons der amerikanischen Aidsbegräbnisse ein Zeichen gegen die Gleichförmigkeit und Tristesse westlicher Bestattungsrituale. Dieser Traditionsbruch blieb nicht ohne Folgen für die abendländische Trauerkultur und führte zu mehr Individualismus. Bunte Särge und ausgefallene Sargformen sind heute keine Seltenheit mehr. Denn der Mensch des 21. Jahrhunderts denkt sich seine letzte Ruhestätte neu. Fast die Hälfte aller Deutschen sucht nach Alternativen zu einer konventionellen Bestattung – notfalls auch jenseits der strengen Friedhofssatzung. Viele Friedhofsverwaltungen sehen sich mittlerweile gezwungen, ihre Bestimmungen den Bedürfnissen der Menschen anzunähern.

Traditionelle Erd- und Feuerbestattung

Zwar können auch Urnen in einem Erdgrab beigesetzt werden, doch im allgemeinen Sprachgebrauch ist mit „Erdbestattung" die Beisetzung eines Sarges gemeint. Erdbestattungen in diesem Sinn sind nur auf Friedhöfen möglich. Grundsätzlich gibt es drei Grabvarianten:

- **Einzelgrab:** Dabei handelt es sich um ein Ein-Personen-Grab, das von der Friedhofsverwaltung der Reihe nach vergeben wird; deshalb auch „Reihengrab" genannt.
- **Familiengrab:** Die alternative Bezeichnung ist „Wahlgrab", weil Sie sich die Lage des Grabes selbst aussuchen können, sofern die Platzverhältnisse auf dem Friedhof dies zulassen. Oft können Sie auch die Größe des Grabes bestimmen, falls mehrere Personen nebeneinander bestattet werden sollen.
- **Rasengrab:** Manche Friedhofsträger bieten Gräber auf einem Rasenfeld an. Dort kann man auch Gräber nebeneinander erwerben und einen ebenerdigen Grabstein verlegen.

Bei einer Feuerbestattung wird der Verstorbene in einem Krematorium verbrannt. Auch dafür wird ein Sarg benötigt. Nach der Kremierung erfolgt die Beisetzung der Asche – traditionellerweise auf einem Friedhof. Man unterscheidet mehrere Grabformen:

- **Aschegemeinschaftsgräber:** Hierbei wird die Asche auf einem Rasen- oder Wiesenfeld ohne Kennzeichnung der Grabstelle verstreut. Am Feldrand können Blumen abgelegt werden.
- **Urnengemeinschaftsgräber:** Diese Beisetzungsform ist dem Aschegemeinschaftsgrab sehr ähnlich. Allerdings wird in diesem Fall die Asche in einer Urne auf einem Rasenfeld beerdigt.

Blumen sind wichtiger Bestandteil unserer Bestattungskultur.

- **Urnenreihengrab:** Die Friedhofsverwaltung weist eine Grabstelle zu, die für etwa zwanzig Jahre genutzt werden kann. Um die Grabpflege kümmern sich die Angehörigen.
- **Urnenwahlgrab:** Dabei handelt es sich um eine etwas teurere Variante, da das Grab gewählt und als Familiengrab genutzt werden kann. Das heißt, es dürfen – auch zeitlich versetzt – mehrere Urnen in diesem Grab bestattet werden. Das Nutzungsrecht ist verlängerbar.
- **Urnenwandgrab („Kolumbarium"):** Hier können bis zu vier Urnen in einer Wandnische beigesetzt und mit einer Gedenktafel abgedeckt werden. Meist gibt es eine Ablagefläche für Blumen. Das Nutzungsrecht beträgt etwa zwanzig Jahre und ist verlängerbar. Eine ähnliche Form ist die Urnenstele, bei der mehrere Urnen übereinander beigesetzt werden.

Ist die Frage nach dem Grab geklärt, kann die Beisetzung stattfinden. Hierzu überführt der Bestatter den Verstorbenen an den Bestattungsort und sorgt in Absprache mit den Angehörigen für das gewünschte Ambiente. Bei einer konfessionellen Erdbestattung erfolgt die Beisetzung meist im Rahmen einer kirchlichen Trauerfeier. Auch weltliche Zeremonien, bei der ein freier Trauerredner spricht, sind hierzulande üblich.

Der Friedhof – das „Haus der Toten"

Friedhöfe werden als Orte für die Toten bezeichnet, doch sind sie für die Lebenden nicht weniger wichtig. Sie sind Stätten der Begegnung, grüne Lebensräume und nicht zuletzt in vielen Großstädten Oasen der Ruhe und Besinnung. Das Grab ist gleichermaßen Ruhestätte und Aufenthaltsort eines Verstorbenen. Es übt eine Schutzfunktion aus, indem es den Toten vor Schändung, vor gewaltsamer Vernichtung oder Naturkatastrophen bewahrt. Schutzsymbole und entsprechende Inschriften auf den Grabsteinen unterstreichen diesen Aspekt. In manchen Religionen sind mit dem Grab gewisse Sicherungsfunktionen für die Lebenden verbunden, durch die ein Toter im Grab festgehalten wird. Schließlich bewahrt das Grab die Erinnerung an ein vergangenes Miteinander.

Die Trauer um einen geliebten Menschen findet im Herzen und in den Gedanken statt. Das Gros der Menschen braucht für das Andenken aber zusätzlich einen festen Platz, einen Ort, an den sie gehen können, um zu trauern – und das hat Tradition. Schon seit alters haben Menschen ihre Angehörigen begraben, den Bestattungsort geschmückt und regelmäßig besucht.

Die meisten Menschen brauchen für das Andenken einen festen Platz, um zu trauern.

Das Grab ist der geeignete Ort, um Kontakt zum Toten aufzunehmen. Es ist der Platz für stille Zwiegespräche und kleine Dienste wie die jahreszeitgemäße Bepflanzung und Pflege. Für viele Menschen ist der tägliche Weg zum Grab fester Bestandteil des Alltags.

Hinterbliebene suchen oft schmerzlich nach einem Weg, die Liebe zum Verstorbenen auch nach dessen Tod zum Ausdruck zu bringen. Auch dabei kommt der Grabstätte besondere Bedeutung zu. Eine schöne Grabanlage, die liebevolle Pflege und ein passender Stein können diese Liebe zum Ausdruck bringen. Gleichzeitig wird es für viele Hinterbliebene so leichter, den erlittenen Verlust zu realisieren und anzunehmen.

Das Meer als letzte Ruhestätte

Seit 1934 ist es in Deutschland möglich, im Meer die letzte Ruhe zu finden. Dazu wird die Asche eines Verstorbenen nach der Kremierung in eine spezielle Seeurne gefüllt und außerhalb der sogenannten Dreimeilenzone in der Regel über „rauem Grund" und nach seemännischen Bräuchen dem Meer übergeben. Mit „rauem Grund" sind Gebiete gemeint, in denen nicht gefischt und kein Wassersport getrieben

Ein Urnenreiheneinzelgrab erwirbt man in der Regel für zwanzig Jahre. Es kann individuell gestaltet werden.

wird. Seebestattungen werden in nahezu allen Meeren angeboten, von Deutschland aus vorwiegend in Nord- und Ostsee, aber auch im Atlantik oder Mittelmeer. Nehmen Angehörige an der Zeremonie teil, halten der Kapitän oder ein Vertreter der Reederei, die mit der Bestattung betraut wurde, eine Trauerrede.

Erst lange danach stellt sich wie bei allen Bestattungen ohne feste Grabstätte die Frage: Lässt der gewählte Ort, in diesem Fall das Meer, Trauer und Trauerarbeit überhaupt zu? Eine nicht unbeträchtliche Zahl von Angehörigen vermisst später die Möglichkeit eines „Friedhofsbesuches". Um diesem Gefühl der Leere abzuhelfen, werden von manchen Seebestattern Fahrten zu den Koordinaten angeboten, an denen die Seebestattung stattgefunden hat. Es gilt also, sich rechtzeitig auch darüber Gedanken zu machen, wie und wo man um einen geliebten Menschen trauern möchte. Sicher kein vertrauter, aber ein sehr wichtiger Aspekt! Am besten sollte er offen und zu Lebzeiten im Kreis der Betroffenen bedacht und angesprochen werden.

In den Wurzeln eines Baumes

Seit 2001 gibt es in Deutschland die Möglichkeit, sich im Wald beisetzen zu lassen. Parallel dazu weisen immer mehr kleinere und größere Anbieter entsprechende Areale mit variantenreichen Bestattungsformen aus. In der Regel wird die Urne mit der Asche eines Verstorbenen im Wurzelwerk eines Baumes vergraben. Die Areale sind öffentlich zugänglich. Spaziergänger in diesem Waldgebiet werden nur durch Hinweisschilder auf den besonderen Ort aufmerksam gemacht. Sie befinden sich zum Teil in der Hand von Gemeinden oder in kirchlicher Trägerschaft. Zudem gibt es zwei Unternehmen, die bundesweit in Kooperation mit dem jeweiligen Forstamt und der zuständigen Kommune solche Einrichtungen betreiben: FriedWald und RuheForst.

In Friedwäldern finden bis zu zehn Urnen im Wurzelwerk eines Baumes Platz. Wer nur eine einzelne Ruhestätte benötigt, wird an einem Gemeinschaftsbaum platziert. Familien und Freunde, die eine gemeinsame Ruhestätte haben möchten, können sich einen gesonderten Baum aussuchen. In der Regel wird die Auswahl bei einer Führung getroffen, die die zuständigen Förster anbieten.

Ähnlich funktioniert das Konzept des Ruheforstes. Diese sogenannten Ruhebiotope sind Areale, die durch verschiedenartige Elemente geprägt werden. Das kann ein Baum, ein Strauch oder ein Stein sein. Bis zu zwölf Urnen finden darin Platz, wahlweise in einem Gemeinschafts- oder einem Familienbiotop.

Alternative Bestattungsformen

In den vergangenen Jahren tauchten besondere Bestattungsarten immer wieder und immer häufiger auf: Almwiesenbestattung, Erinnerungsdiamant oder Weltraumbestattung weisen auf die unterschiedlichen Bedürfnisse der Menschen hin. Grundsätzlich gilt in Deutschland immer noch der Friedhofs- und Bestattungszwang. Auch wenn diese Regelungen von Bundesland zu Bundesland anders gehandhabt werden und manche Kommune eine Ausnahmegenehmigung in diesem oder jenem Punkt erteilt, wird an der genannten Rechtslage festgehalten. Inwieweit das noch zeitgemäß und sinnvoll ist, darüber mag und sollte man streiten.

Grundsätzlich gilt in Deutschland immer noch der Friedhofs- und Bestattungszwang.

Dabei geht es nicht darum, irgendwelche kurzfristigen Modeerscheinungen oder Trends zu unterstützen, sondern um das richtige Handeln, wenn ein Mensch gestorben ist. Dabei auch und gerade die Bedürfnisse der Trauernden und des Verstorbenen im Blick zu behalten muss für alle oberstes Gebot sein.

Naturbestattung im Ausland

Eine Reihe von Anbietern hat sich mittlerweile auf Angebote der Naturbestattung spezialisiert, die in verschiedenen europäischen Ländern durchgeführt werden können. Alle Naturbestattungen setzen eine Einäscherung voraus. Nach deutschem Recht gilt eine Urne auch als bestattet, wenn sie in ein anderes Land überführt wird. Wer also eine Naturbestattung wünscht, kann ins europäische Ausland ausweichen, da die entsprechenden Gesetze dort weniger streng sind.

So darf die Asche eines Verstorbenen in der Schweiz und in Spanien beispielsweise auf einer Almwiese, in einem Bach oder im Wind verstreut werden. Für diese Varianten entstehen meist recht geringe Kosten. Etwas aufwendiger sind die Luftbestattungen. Dabei wird die Asche aus einem Flugzeug oder einem Heißluftballon heraus verstreut. In der Schweiz geschieht dies etwa über Appenzell oder großen Seen, in Spanien über der Sierra Nevada und der Bucht von Cádiz.

Französisches Recht erlaubt das Verstreuen von Asche aus der Luft über dem Elsass. Die Asche kann auch im Rahmen einer sogenannten Felsbestattung in der Schweiz und in Spanien beigesetzt werden. Dabei wird die Asche unter oder in der Grasnarbe eines Felsens beigebracht. Auch ist in Spanien die Verstreuung an Steilküsten möglich.

In einigen europäischen Ländern wird darüber hinaus die Aschebeisetzung in Seen, Flüssen und Buchten angeboten, etwa im Schweizer Teil des Lago Maggiore oder in der Donau. Hier spricht man von Fluss- oder (etwas verwirrend) von Seebestattungen. Manche Anbieter haben auch eine Beisetzung in der Adria im Programm.

In der Regel können Angehörige die Beisetzung begleiten. Allerdings muss dafür in manchen Fällen ein Aufschlag gezahlt werden. Bei Luftbestattungen oder Beisetzungen in Gewässern kann die Teilnehmerzahl aufgrund Platzmangels beschränkt sein.

Ein Trost? Weltweites Gedenken

Virtuelle Friedhöfe gehen weit über das hinaus, was normale Grabstätten leisten können. Sogenannte Trauerseiten bieten den Hinterbliebenen alle medialen Möglichkeiten, den Verstorbenen ein umfassendes Andenken zu setzen. Mit Fotos, Musik- und Filmmaterial werden Lebensläufe gewürdigt. Der Tote entrinnt damit der Anonymität eines gleichförmigen Gräberfeldes. Zwar haben sich die virtuellen Trauerforen und -portale in Deutschland bislang nicht so stark durchgesetzt wie in den USA oder in Japan. Dass es sie hierzulande aber auch gibt, zeigt das Bedürfnis der Menschen, die eigene Trauer mitzuteilen und das Gedenken an den Verstorbenen zu wahren. Die Möglichkeiten des Internets können die Trauerarbeit erleichtern.

Mittlerweile gibt es eine ernst zu nehmende Zahl an Blogs, in denen Trauernde das Unfassbare niederschreiben, um es überhaupt verarbeiten zu können. In Foren tauschen sie ihre Gedanken aus und bilden hilfreiche Netzwerke. Auch die Kirchen haben mittlerweile im Internet Angebote zur Trauerarbeit geschaffen. Michael Mädler von der Evangelischen Landeskirche Bayern betont, die Kirchen wüssten um die Bedeutung dieser Erinnerungskultur, wenn es darum gehe, einen Todesfall zu verarbeiten.

Virtuelle Friedhöfe gehen weit über das hinaus, was normale Grabstätten leisten können.

„So gesehen sind die Erinnerungs-Foren im Internet eine konsequente Fortsetzung dieser Kultur." Sich zu erinnern sei ein wichtiges Trostmotiv. „Deshalb besuchen Hinterbliebene das Grab eines oder einer Verstorbenen; deshalb sind Friedhöfe öffentlich, um auch Menschen jenseits der unmittelbaren Verwandtschaft die Möglichkeit zu geben, des Verstorbenen zu gedenken, ohne dabei vom Goodwill der Verwandtschaft abhängig zu sein; deshalb richten Hinterbliebene auch jenseits des Grabes Plätze der Erinnerung ein, zum Beispiel eine Fotogalerie auf dem Sekretär."

Ein festes Ritual: die Trauerfeier

Mittlerweile werden Trauerfeiern häufiger ohne Gottesdienst und kirchliche Rituale gestaltet. Die Trauerfeier oder Beerdigung ist für Sie als nahen Angehörigen ein besonderer Moment: Sie verabschieden sich vom Körper eines geliebten Menschen. Dieser Abschied ist einmalig und kann nicht wiederholt werden. Die rituelle Form einer Trauerfeier kann in diesem überaus schweren Moment Schutz und Halt gewähren. Die Beerdigung ist dafür gedacht, dass Sie und andere Angehörige sich in Würde von dem Toten verabschieden können. Die Rituale um den Tod und die Bestattung sollen also auch eine kleine Hilfe für die Lebenden sein. Deshalb sollten Ihre Wünsche respektiert werden und alles erlaubt sein, was Ihnen wichtig ist.

Überlegen Sie sich in Ruhe, wie Sie die Zeremonie gestalten möchten. Wer sich emotional oder körperlich nicht in der Lage sieht, eine Trauerfeier auszurichten oder an das Grab zu gehen und dort „Haltung zu bewahren", was im Übrigen niemand wirklich erwartet, sollte trotzdem Angehörigen, Freunden, Kollegen und Nachbarn die Möglichkeit geben, sich zu verabschieden.

Aus eigener Erfahrung weiß ich, dass dies vielen Angehörigen, Freunden und Nachbarn des oder der Verstorbenen sehr wichtig ist. Nachdem meine Mutter nur vier Monate nach dem Tod meines Vater unter ungeklärten Umständen im Krankenhaus gestorben war, brach auch all die Trauer um meinen Vater, die ich aus Sorge um meine Mutter monatelang verdrängt hatte, aus mir heraus. Ich war unfähig, auch nur einen Schritt auf den Friedhof zu gehen, geschweige denn der Urnenbeisetzung beizuwohnen. Also entschied ich mich für die stille Beisetzung und gegen eine Trauerfeier. Dies tat ich auch in der Zeitungsanzeige kund. Der Sturm der Entrüstung vonseiten der sieben Geschwister meiner Mutter war so groß, dass aus der stillen dann doch eine öffentliche Beisetzung wurde. Die Geschwister organisierten außerdem eine Trauerfeier. Für mich hatte man vollstes Verständnis, und niemand erwartete, dass ich zum Friedhof ging ...

Die Rituale um den Tod und die Bestattung sollen auch eine kleine Hilfe für die Lebenden sein.

Aber den nächsten Angehörigen nicht die Möglichkeit zu geben, sich von der Schwester zu verabschieden, das war dann doch zu viel. Ähnliches hörte ich auch von Freunden und Nachbarn. Dieser Abschied in der Friedhofshalle, in der Trauerhalle des Bestatters oder am Grab spielt in unserer Trauerkultur eine wichtige Rolle. Er schafft eine Art von Gemeinsamkeit und Geborgenheit, die den Schmerz lindert und Trost spendet. Selbst wenn Sie sonst Ritualen skeptisch gegenüberstehen, sollten Sie sich deren Vorteile im Trauerfall gönnen.

Es gibt viele Möglichkeiten zur Gestaltung einer individuellen Trauer- und Abschiedsfeier. Spielen Sie die Lieblingsmusik des Verstorbenen und stellen Sie ein Bild von ihm auf. Vielleicht möchten Sie dem Verstorbenen einen letzten Gruß mit auf den Weg geben? Das kann ein Sinnspruch sein, ein Gedicht, eine kleine Zeichnung oder auch ein Brief. Auf Papier gebracht finden auch ungesagte Worte ihren Weg und helfen beim Abschiednehmen.

Auch Grabbeigaben können tröstlich sein. Lassen Sie Luftballons steigen, legen Sie Ihre Botschaft oder ein Foto in den Sarg oder in die Urne. Oder folgen Sie einem alten indianischen Brauch und legen Sie eine Feder als Botschaft auf das Grab. Der Wind trägt die Feder fort, ein Symbol dafür, dass die Seele gehen darf. Ein Symbol des Übergangs zwischen den Welten. Die Verbindung zwischen dem Diesseits und dem Jenseits. Ein letzter Gruß für die Seelenreise.

Dem Anzünden einer Kerze kommt in den religiösen und spirituellen Vorstellungen vieler Kulturen eine wichtige Bedeutung zu. Licht begleitet uns Menschen seit Anbeginn der Zeit und symbolisiert Leben und – auch, aber nicht nur im Christentum – die Seele, die im dunklen Reich des Todes leuchtet. Kerzenlicht verbreitet eine friedliche, feierliche Atmosphäre und spendet durch den wärmenden Schein Trost und Zuversicht. Bei der Trauerfeier Teelichter anzuzünden und am Sarg oder an der Urne aufzustellen empfinden die meisten Trauernden als wohltuend. Denn die kleinen Lichter geben Wärme, Geborgenheit und Lebendigkeit in die Herzen der Hinterbliebenen.

Ein Licht anzuzünden soll zeigen, dass die Toten zwar aus dem Leben, aber nicht aus dem Herzen gegangen sind. Blumen haben ihren festen Platz bei nahezu jeder Beerdigung. Hatte der oder die Verstorbene Lieblingsblumen? Lassen Sie je nach Jahreszeit daraus ein Herz oder andere Formen stecken. Blumengestecke sind ein letzter Gruß in Dankbarkeit an den Verstorbenen und zeigen Anteilnahme.

Bei einer Verabschiedung empfinden Hinterbliebene und Freunde häufig innere Leere und Ratlosigkeit. In dieser schweren Situation ist das Gefühl von Zusammengehörigkeit sehr wichtig. Aus den Stühlen einen Kreis zu bilden und den Verstorbenen in die Mitte zu nehmen gibt ein gutes Gefühl von Einheit und Harmonie. Im Zentrum, im Herz ist die Erinnerung an das Leben des Verstorbenen, seine Persönlichkeit und seine Besonderheiten. Jeder der Trauergäste kann etwas mitbringen: eine Blume, ein Mineral, etwas aus Holz – und es zum Verstorbenen legen und ihm vielleicht einen letzten Satz zusprechen. Dies erzeugt eine Atmosphäre des Zusammenhalts und der Zugehörigkeit.

Ein sehr persönliches Abschiedsgeschenk ist die Gestaltung des Sarges oder der Urne. Beim Gestaltungsprozess erinnert man sich an die Persönlichkeit des Verstorbenen und gedenkt seiner. Durch Farben, Symbole oder geschriebene Abschiedsworte verleihen Sie dem Sarg oder der Urne eine persönliche Note und heben die Einzigartigkeit des verstorbenen Menschen hervor. Greifen die Angehörigen selbst zum Pinsel, erleben sie dies als einen Teil des Abschieds in einer ganz besonderen, friedvollen Stimmung – fast wie ein Zwiegespräch mit dem Verstorbenen. Menschen, die sich bewusst mit ihrem Lebensende auseinandersetzen, finden in dem Mitwirken die Sicherheit, dass alles wie gewünscht umgesetzt wird. Das Gestaltungskonzept für die Urnen- oder Sargbemalung kann schon zu Lebzeiten besprochen werden.

Egal, was die Leute sagen, wenn Sie die Trauerfeier ausgefallen gestalten: Sie müssen es weder dem Bestatter noch den Bekannten und anderen Angehörigen recht machen, sondern nur sich und dem Verstorbenen. Das gilt auch für das sich anschließende Trauermahl. Das gemeinsame Essen oder Kaffeetrinken im Anschluss an eine Trauerfeier ist eines von vielen Trauerritualen und bereits in vorgeschichtlicher Zeit Europas bekannt. Daran teilzunehmen drückt Anteilnahme, Wertschätzung und Unterstützung aus.

Beim Trauermahl wird meist erst wahrgenommen, wie viele Angehörige, Freunde und Kollegen diesen schweren Gang mit Ihnen zusammen gegangen sind. Gleichzeitig ist niemand mit seiner Trauer allein. Die Gemeinschaft der Gäste gibt den Hinterbliebenen Halt, das gemeinsame Essen und Trinken verbindet und hilft, Abstand von der Beerdigung zu gewinnen.

Die Tradition des Trauermahls hat wichtige emotionale Aspekte: Es gibt Zeit und Raum für persönliche Worte, gemeinschaftliches Erinnern und für den Austausch von Geschichten. Das hat eine entlastende und tröstende Funktion und hilft oft als erster, kleiner Schritt zur Trauerbewältigung. Wer sich dazu nicht in der Lage sieht, kann eine Abschiedsfeier auch später nachholen; machen Sie einfach das, was Ihnen Ihre Empfindungen raten oder was der Verstorbene zuvor als Wunsch geäußert hat.

Ich selbst habe sechs Wochen nach der Beisetzung meiner Mutter alle ihre Geschwister und deren Partner zu mir nach Hause eingeladen – und meine eigene kleine Abschiedsfeier gemacht. Es war tröstlich, in solch großer Runde von Menschen zu sitzen, die meine Eltern gut kannten und mir vieles erzählten, was ich bis dahin noch nicht wusste.

„Mit den Flügeln der Zeit
fliegt die Traurigkeit davon."
(Theodor Fontane)

Tiefer Sturz in eine andere Welt

Sie haben die Beerdigung und das anschließende Zusammensein „überstanden". Ein, zwei Wochen sind nach dem Tod vergangen, in denen Sie sich um vieles kümmern mussten. Wenn Sie sich für eine

Grabstätte auf dem Friedhof entschieden haben und der Stein schon gelegt oder gestellt ist, können Sie jetzt das Grab bepflanzen und schmücken. Wahrscheinlich holt der Schmerz Sie dort wieder ein, weil Ihnen der Tod so deutlich vor Augen tritt. Sie lesen den Namen des Verstorbenen, da steht es schwarz auf weiß. Atmen Sie tief ein und aus und denken Sie an den Verstorbenen, der auch Sie geliebt hat. Denken Sie dabei an besonders schöne, gemeinsam erlebte Momente. Das beruhigt. Denn jetzt erst beginnt die eigentliche Trauerarbeit.

Der Begriff „Trauerarbeit" wurde erstmalig von Sigmund Freud, dem Begründer der modernen Psychoanalyse, verwendet. Damit vollzog er einen radikalen Wandel im Trauerverständnis: Über Jahrhunderte galt Trauer als ein Prozess, dem man als Betroffener ausgesetzt war. Irgendwann, so die Erfahrung, hatte die Zeit die meisten Wunden geheilt. Richtig verstanden ist Trauer aber ein aktiver Prozess, den man sich zwar nicht selbst auswählt, den man aber gestalten kann und sollte.

Richtig verstanden ist Trauer ein aktiver Prozess, den man sich zwar nicht selbst auswählt, aber gestalten sollte.

Die meisten von uns haben den natürlichen Umgang damit verlernt. Unsere nicht gelebte Trauer soll uns im Lauf der Zeit jedoch nicht krank machen. Deshalb müssen wir wieder lernen, ihr Raum und Ausdruck zu geben. Es ist wichtig, dass wir sie nicht verdrängen, sondern durchleben und regelrecht „durchschmerzen". Denn bewusstes Trauern ist ein heilsamer Prozess, der hilft, mit neuer Energie ins Leben zurückzukehren. Das ist Arbeit, manchmal sogar Schwerstarbeit für die Seele eines Menschen. Deshalb sollte man in diesem Zusammenhang zutreffender von Traueraufgaben reden.

Zur Überwindung gibt es zwei Ansätze: die Verdrängung und die Verarbeitung. Durch körperliche Aktivität, Ablenkungen aller Art oder übermäßiges Arbeiten kann man Trauer kurzfristig verdrängen oder wenigstens erleichtern. Ein häufig gewähltes Verdrängungsmittel ist, den Verlust durch eine andere Person zu ersetzen. Überwunden im Sinn einer intensiven Bewältigung wird Trauer aber erst, indem man bewusst und aktiv mit ihr umgeht.

Annahme des Verlustes

Sie müssen mit starkem inneren Widerstand rechnen, der es Ihnen schwer macht, den Tod als Verlust anzunehmen. Zuallererst wäre da die Leugnung des Verlustes: „Er ist gar nicht tot, er ist verreist." Gegenstände, die der Verstorbene benutzt hat, ja, ganze Räume werden so belassen oder täglich hergerichtet, als sei er noch da; die Schuhe werden geputzt, die Kleidung bereitgelegt, der Tisch für ihn mitgedeckt. Der Trauernde sehnt sich unablässig nach dem verlorenen Menschen, sucht ihn überall, glaubt, seine Stimme zu hören, ihn zu riechen oder ihn leibhaftig zu sehen. Manche Trauernde haben das Bedürfnis, Kleidungsstücke des Verstorbenen als Trost bei sich zu haben oder sogar zu tragen. Das alles gehört zum natürlichen Durchleben der Trauer und sollte keinesfalls unterdrückt oder belächelt werden!

Auch das Gegenteil kann der Fall sein. Alles wird sofort verpackt und weggegeben, der Verstorbene „komplett entfernt" und die Bedeutung des Verlustes innerlich verkleinert. Aus dem guten Ehemann wird der schlechte, der beste Freund wird zum entfernten Bekannten. Bisweilen wird die Endgültigkeit des Todes geleugnet. Das reicht von der aktiven Absage an den Toten: „Ich will nicht, dass du tot bist, ich lass das einfach nicht zu!" bis zur Kontaktaufnahme mit Verstorbenen in spiritistischen Sitzungen.

Soll das Dasein am Ende der Trauerarbeit wieder lebenswert sein, muss der Trauernde diese inneren Widerstände abarbeiten. Vielen gelingt das! Diejenigen, denen die Kraft und der Mut fehlen, aus den Illusionen herauszutreten, brauchen professionelle Hilfe.

Den Schmerz fühlen

Was so selbstverständlich klingt, erweist sich in Wirklichkeit oft als schwierig. Doch was bei einer Krankheit als normal angesehen und akzeptiert ist, scheint für die Trauer nicht zu gelten. Gefühle zu zeigen, und das vielleicht sogar noch öffentlich, passt nicht in unsere Zeit. Manchmal sind wir beinahe unangenehm berührt, wenn in den Medien Berichte über Menschen aus anderen Kulturkreisen gezeigt werden, die ihren Schmerz öffentlich und anscheinend ungehemmt ausdrücken. Trauernde haben manchmal das Gefühl, den Verstand zu verlieren.

Die Umwelt reagiert darauf häufig mit Unverständnis. Ablenkung („Wir machen einen Ausflug!") und vermeintlicher Trost („Du schaffst das schon, du bist ja stark!") sind keine guten Lösungsvorschläge. Der Betroffene gewinnt ob solcher Plattheiten eher den Eindruck, in den Augen seiner Umwelt zu sehr zu trauern. Wer dieses Gefühl hat, wird das leicht als Ansage (miss)verstehen, seinen Trauerschmerz entweder gar nicht oder aber nicht öffentlich zu zeigen. Damit werden häufig Muster aktiviert, die in unserer Seele abrufbereit sind: Flucht in die Empfindungslosigkeit, inneres Verbot, bestimmte schmerzauslösende Gedanken zuzulassen oder häufiger Ortswechsel, um den Erinnerungen und den damit verbundenen Schmerzen zu entfliehen.

Der Schmerz muss aber herausgelassen werden! Wissenschaftliche Studien belegen, dass nicht ausgelebter Trauerschmerz sich zumeist in Form von Depressionen zurückmeldet. Eine spätere Verarbeitung des Trauerschmerzes ist auch deshalb schwieriger, weil sich im Lauf der Zeit unsere Systeme und Beziehungen ändern. In der Praxis heißt das: Trauernde werden nach fünf Jahren nicht mehr die Unterstützung durch Angehörige und Freunde erhalten wie unmittelbar nach dem Tod eines geliebten Menschen.

„*Stehe nicht an meinem Grab und weine.*
Ich bin nicht dort. Ich schlafe nicht.
Ich bin die tausend Winde, die wehen,
ich bin der Diamantglanz auf dem Schnee.
Ich bin das Sonnenlicht auf reifem Korn.
Ich bin der warme Herbstregen.
Wenn du aufwachst in der Morgenstille,
Bin ich der Flügelschlag der stummen Vögel.
Ich bin die sanften Sterne, die nachts leuchten.
Stehe nicht an meinem Grab und weine.
Ich bin nicht dort, ich bin nicht tot."
(Verfasser unbekannt)

Im Labyrinth der Trauer

Es tut so weh. Auch wenn sich Karin B. auf den Tod ihres schwer kranken Mannes vorbereiten konnte und er in ihren Armen starb – der Schmerz in ihrer Seele ist kaum auszuhalten. Sie kann nicht schlafen, sie kann nicht essen, und schon gar nicht kann sie irgendwelche Leute um sich herum ertragen, die „klug" daherreden, langsam würde es wieder bergauf gehen. Ist es gar nicht mehr auszuhalten, läuft sie stundenlang umher, um den Schmerz zu betäuben. Steht sie dann erschöpft vor dem Grab und weint, kommt für sie ein Moment der Ruhe, bevor alles wieder von vorn beginnt – Schuldgefühle, Wut, Ohnmacht und innere Leere.

Trauern als natürliche Reaktion

Irgendwann werden Anrufe und Besuche von Freunden und Verwandten seltener, Ihre innere Versteinerung löst sich allmählich auf, und ein Gefühlschaos nimmt seinen Lauf. Es kann sein, dass Sie sich nach Menschen sehnen, dass es Ihnen aber zuviel wird, wenn sich dann tatsächlich jemand meldet. Es mag vorkommen, dass Sie sich in einem Moment an einer Blume erfreuen – und im nächsten Moment schüttelt Sie ein Weinkrampf.

Trauer äußert sich in vielen verschiedenen Gefühlen – abwechselnd, sich entwickelnd und manchmal auch gleichzeitig: Schmerz, Einsamkeit, Zorn, Sehnsucht, Verzweiflung, Schuldgefühle, Leere, Erleichterung, Müdigkeit, Angst, Dankbarkeit. Es kann Tage geben, an denen

Sie sich völlig zerschlagen fühlen und nicht aus dem Bett kommen. Tage, an denen Sie die kleinste Anstrengung verzweifeln lässt, und solche, an denen Sie nicht mehr weiterleben wollen. Seien Sie gut zu Ihrem Körper, der sich verkrampft, zu Ihren Augen, die rot vom Weinen oder leer geweint sind, zu Ihrem Herzen, das sich zerrissen und wund fühlt, zu Ihren Händen, die ins Leere greifen, und zu Ihren Füßen, die den Weg nicht mehr wissen.

Sie stehen am Anfang eines langen Trauerprozesses, der viele widersprüchliche Gefühle und Gedanken ans Licht bringen wird. Es kann sein, dass Sie sich wie unter einer Glasglocke fühlen und alles unwirklich erscheint oder dass Sie innerlich ganz stumpf sind und nichts mehr spüren. Es kann auch sein, dass Sie sich vor Schreck, Schmerz oder Scham wie zerrissen fühlen.

Trauern heißt: Schmerz, Einsamkeit, Leere, Wut, Sehnsucht, Verzweiflung, Schuldgefühle, Erleichterung, Müdigkeit, Angst.

Fast alle Trauernden berichten, dass der Schmerz dann, wenn die Umwelt denkt, Ihnen gehe es langsam wieder besser, erst richtig schlimm wird. Vermutlich schützt uns die Seele zu Beginn vor der vollen Wucht des Schmerzes. Lassen Sie sich von niemandem vorschreiben, wie lange Ihr Trauerweg sein wird und auf welche Art Sie ihn gehen. Niemand kann sich wirklich in Sie hineinversetzen, da jeder Verlust einmalig ist. Wer dies leugnet, verschlimmert nur Ihren Schmerz. Sie haben ein Recht auf Ihre Trauer. Wer den Tod als groß und furchtbar empfindet, braucht sich dessen nicht zu schämen. Schließlich wird, wer stirbt, nicht wiederkommen.

Trauern – kein linearer Prozess

Auch wenn „typische Trauerphasen" beschrieben werden, trauert jeder Mensch individuell. Es macht daher wenig Sinn und kann sogar sehr grausam sein, den von Verlusten betroffenen Menschen vorzuschreiben, wie sie zu trauern haben (nicht zu kurz, nicht zu lang, nicht zu laut usw.). Das emotionale Durchleben der Trauer, der Versuch, das Geschehene zu verstehen, Aktivitäten zur Bewältigung des neu entstandenen Chaos und ein beschränktes Weiterfunktionieren sind prinzipiell gleichberechtigte Strategien. Manche Trauerprozesse können Jahre dauern, andere nur Wochen oder Monate. Männer reagieren oft anders (Sturz in Aktivitäten) als Frauen (Rückzug und Appelle um Hilfe), ohne dass die eine oder andere Form nachweislich „besser" oder „gesünder" wäre.

Freunde und Familienmitglieder stehen bei dramatischen Todesfällen vor der Frage, wie sie den Prozess des Trauerns am besten unterstützen könnten. Auch wenn Sprüche wie „Die Zeit heilt alle Wunden" und „Das Leben geht weiter" rational völlig richtig erscheinen, verletzen sie den Trauernden oft mehr, als dass sie sein Leid lindern. Auch Ratschläge und Appelle, sich wieder ins Leben zu stürzen oder etwas zu unternehmen, wirken auf den Trauernden in dieser Situation eher erschlagend und verletzend. Es scheint wenig ratsam, dem Hinterbliebenen die Trauer nehmen zu wollen, indem man ihn abzulenken versucht und eine mögliche Welle seines Schmerzes ignoriert. Die Intensität und Dauer dieses Prozesses wird durch die Nähe zwischen dem Verstorbenen und dem Trauernden bestimmt.

Wie lange dauert Trauerarbeit? Eine verständliche, aber nicht zu beantwortende Frage. Trotz aller Fristen und Zeiträume, die als Rahmen und Orientierungshilfe genannt werden, eines ist sicher: Schnell geht es nicht, Trauer braucht Zeit. Das hängt auch von vielen Faktoren ab: Welcher Art war die Beziehung zum Verstorbenen? Konnte man sich auf sein Sterben vorbereiten? Wie viel Zeit kann für Trauerarbeit aufgebracht werden? Wo gibt es Hindernisse und Blockaden bei der Bearbeitung der Traueraufgaben?

Als Indiz für das Ende der Trauerzeit gilt allgemein, dass an den Verstorbenen ohne Schmerz gedacht werden kann. Ein Großteil der

Trauernden erreicht diese Befindlichkeit irgendwann. Es gibt aber auch Menschen, bei denen im Lauf der Zeit die Intensität der Gefühle nachlässt, die Trauer selbst aber nie ganz aufhört. Hilfe auf diesem langen Weg in Anspruch zu nehmen ist deshalb eher ein Zeichen von Stärke als von Schwäche.

Der Weg durch die Trauer ist ein dynamischer Prozess, der nicht vorhersagbar oder planbar ist. Die Übergänge sind fließend. Häufig kommt es zu einem Hin und Her zwischen den Phasen bzw. Aufgaben. Auch müssen sie nicht unbedingt aufeinanderfolgen, sondern können sich überlappen und wiederholen. Ein Schema für den Ablauf der Trauer gibt es also nicht. Der Verlauf ähnelt eher einem Weg, der sich wie eine Spirale durch diese Lebensphase zieht. Der Betroffene geht in den unterschiedlichen Bereichen hin und her. Er sucht einen Weg, der ihn vom Vergangenen in die Zukunft führt.

Anfangs ist es nicht möglich, den Verlust in allen Konsequenzen zu begreifen. Ein Gefühl der Unwirklichkeit lässt in manchen Momenten den Eindruck entstehen, alles sei gar nicht wahr und der Verstorbene käme jeden Augenblick zur Tür herein. Diesen Momenten folgt aber das erneute Begreifen, das dann umso schmerzhafter ist. Das Begreifen der veränderten Wirklichkeit und die Erfahrung der inneren Leere sind wichtige Schritte auf dem Weg der Trauerbewältigung.

Mit überwältigenden Gefühlen klarkommen

Das Gefühl, sich nicht unter Kontrolle zu haben, ist unmittelbar nach dem Verlust am stärksten. Ein solches Gefühl des Kontrollverlustes löst in Ihnen Angst vor Ihren Gefühlen aus. Sie werden also versuchen, diese zu unterdrücken. Doch damit verschieben Sie alles nur. Sie müssen sich klarmachen, dass die Angst unbegründet ist, einmal zugelassene extreme Gefühle nicht mehr kontrollieren zu können. Sie ist nicht mehr als ein Indiz dafür, dass es sich um sehr starke Emotionen handelt, die unbedingt aus Ihnen herauswollen. Wehren Sie sich nicht dagegen!

Zu den wichtigsten Dingen am Anfang des Trauerprozesses gehört, dass Sie sich selbst erlauben, den erlittenen Verlust zu betrauern. Sie tun gut daran, mit sich eine Vereinbarung zu treffen. Darin anerkennen Sie klar und deutlich Ihr Bedürfnis, Ihre Beziehung zu dem Verstorbenen zu würdigen, indem Sie seinen Verlust umfassend betrauern. Wenn Sie sich selbst gestatten zu trauern, würdigen Sie nicht nur die Beziehung zu dem Verstorbenen, sondern erkennen an, dass Ihre leidvollen Gefühle gerechtfertigt sind und dass Trauern in dieser Phase Ihres Leben an erster Stelle steht.

Egal, wie schwierig und schmerzhaft der Prozess ist, fangen Sie mit der Trauerarbeit an. Finden Sie heraus, welche Eigenschaften des Verstorbenen und Ihrer Beziehung zu ihm in Ihnen weiterleben und den Rest Ihres Lebens beeinflussen werden. Es kann Zeiten geben, in denen das Leid fast unerträglich erscheint und Sie nichts mehr wollen, als all Ihre Gefühle abzuschalten. Sie werden aber auch Druck von außen verspüren, Ihren Trauerprozess vorzeitig abzuschließen. Doch man kann einen Verlust nicht bewältigen, ohne die entsprechenden Gefühle zu empfinden. Trauer macht verletzlich und dünnhäutig.

Das Gefühl, sich nicht unter Kontrolle zu haben, ist unmittelbar nach dem Verlust am stärksten.

„Menschen, die vor Kurzem jemanden verloren haben, zeigen einen bestimmten Ausdruck, wahrscheinlich nur für die wahrnehmbar, die diesen Ausdruck schon auf ihren eigenen Gesichtern gesehen haben. Ich habe ihn auf meinem Gesicht bemerkt, und ich bemerke ihn jetzt bei anderen. Es ist der Ausdruck extremer Verletzlichkeit, Nacktheit, alles ist sichtbar. Es ist Ausdruck von jemandem, der aus dem Sprechzimmer des Augenarztes mit geweiteten Pupillen nach draußen ins helle Tageslicht tritt, oder von jemandem, der eine Brille trägt und sie plötzlich abnimmt. Menschen, die jemanden verloren haben, sehen nackt aus, weil sie sich selbst für unsichtbar halten", schreibt die Schriftstellerin Joan Didion in ihrem Buch „Das Jahr magischen Denkens".

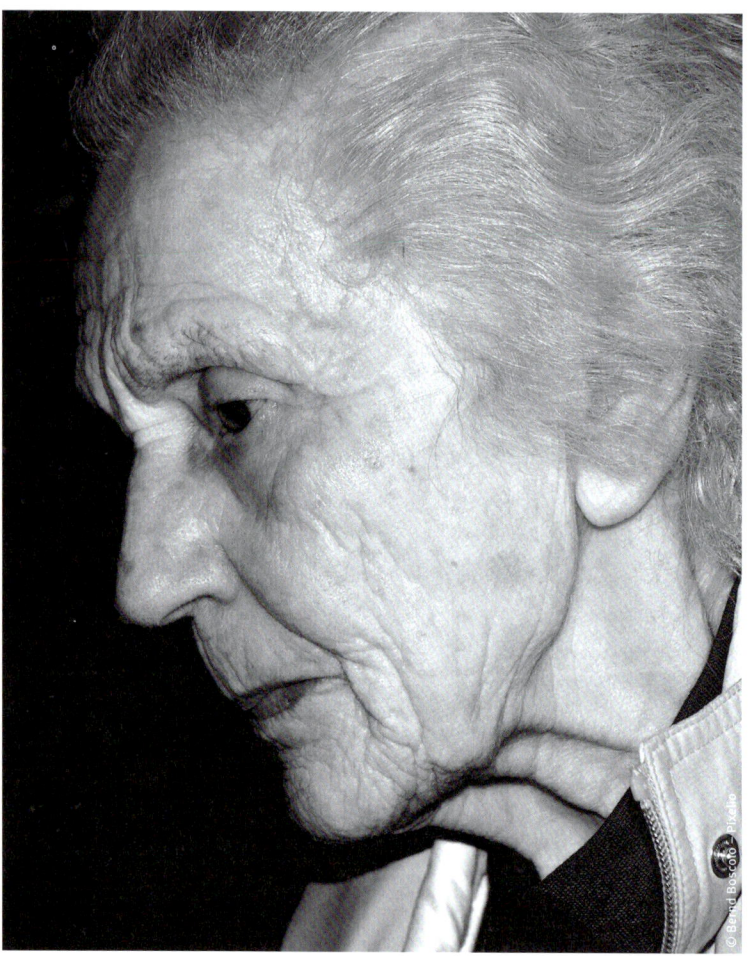

„Menschen, die jemanden verloren haben, sehen nackt aus, weil sie sich selbst für unsichtbar halten."

Vergessen Sie aber nicht, sich regelmäßige Pausen von der Trauer zu gönnen. Machen Sie einen Spaziergang an der frischen Luft, hören Sie beruhigende Musik oder schauen Sie sich einen unterhaltsamen Film an. Die meisten Menschen können die Trauer besser bewältigen, wenn sie über das, was sie so sehr bewegt, reden: mit Freunden, mit Angehörigen, mit professionellen Begleitern, Telefonseelsorgern und in Gedanken auch mit dem Verstorbenen.

Andere trauern ganz für sich. Vor allem bei Männern ist diese Form der Trauer zu finden. Solchen Menschen ist häufig nicht anzumerken, dass sich ihr Leben durch den Tod eines nahestehenden Menschen auf radikale Weise verändert hat. Sie lassen nicht nach außen dringen, wie sehr sie dieses Ereignis in ihrem Innern erschüttert. Sie halten ihren Schmerz unter Verschluss und bemühen sich, ihr gewohntes Leben weiterzuleben. Nur selten lassen sie Verwandte oder Freunde an ihrer eigentlichen Verfassung teilhaben. Über ihren Verlust und die damit verbundenen Gefühle und Gedanken zu sprechen würde einem Verlassen der eigenen „Festung" gleichkommen, was' sie verletzbar machen würde. Aus diesem Grund ziehen sie sich mit all ihren Gefühlen und dem tief empfundenen Schmerz hinter die „Schutzmauern" ihrer Seele zurück. Eine wichtige Rolle spielt bei einem solchen Verhalten auch der gesellschaftlich stark verwurzelte Gedanke, keine Schwäche zeigen zu dürfen. Deshalb werden Tränen der Trauer oder ähnliche Gefühlsausbrüche bewusst unterdrückt.

Eine besondere Trauerstunde

Die meisten Menschen werden nach einem Todesfall in ihrer Familie nicht sehr lange von der Arbeit freigestellt. In einer idealen Welt hätte man sicher jede Menge Zeit, um mit dem Verlust fertig zu werden. In der realen Welt sind es aber im Wesentlichen zwei Dinge, die ins Gleichgewicht gebracht werden müssen: die Zeit, die man den praktischen Pflichten des Lebens, und die Zeit, die man dem Trauern um den erlittenen Verlust widmen muss. Manchen Menschen tut es gut, nach dem Verlust so schnell wie möglich wieder in die Arbeitsroutine eintreten zu können; anderen eher nicht.

Gehören Sie zur letzteren Gruppe, sollten Sie versuchen, Urlaub zu nehmen. Sollte es Ihnen schwerfallen, die für das Trauern notwendige Zeit zu finden, können Sie sich eine bestimmte Stunde am Tag wählen, in der Sie sich ganz in Ihre Trauer hineinfallen lassen. Suchen Sie sich einen besonderen Ort dafür. Das kann irgendeine Ecke in der Wohnung sein, die Sie mit Kerzen dekorieren und mit Erinnerungsstücken wie Fotos ausstatten. Das kann auch ein Platz im Garten sein, an dem der oder die Verstorbene sich gern aufhielt.

Ziehen Sie sich für Ihre Trauerstunde an diesen Ort zurück, legen Sie eine angenehme Musik auf und zünden Sie die Kerzen oder ein Windlicht an. Streifen Sie den Alltag ab, entspannen Sie sich, lesen Sie, schauen Sie sich Fotos an und weinen Sie, wenn Ihnen danach zumute ist. Lassen Sie sich ganz in Ihre Trauer fallen. Sie werden schnell feststellen, dass Sie so nicht nur die Zeit finden, Ihre Gefühle auszudrücken und sich ganz auf Ihren Verlust zu konzentrieren, sondern auch mit den unaufschiebbaren Alltagspflichten besser zurechtkommen.

Strukturen schaffen

Strukturen sorgen für Sicherheit in einer Situation, die von Angst und Verwirrung geprägt ist. Versuchen Sie, den Tag zu organisieren. Das heißt aber nicht, dass sie die Tage komplett durchplanen, denn Sie benötigen auch viel Zeit für Ihre Gefühle. Grundsätzliche Entscheidungen wie Hausverkauf, Umzug oder Stellenwechsel sollten Sie in dieser Phase vermeiden. Je weniger Gefühle bisher zugelassen werden konnten, desto schwerer ist diese Phase. Das äußert sich vor allem in vermehrten Unfällen sowie in Selbstbehandlungsversuchen mit Alkohol und Tabletten, die die Gefahr der Abhängigkeit in sich bergen.

Viele Trauernde sind unkonzentriert und fahrig – mit den Gedanken beim Verstorbenen. Jeder erlebt die erste Zeit nach dem Tod eines Angehörigen anders.

Bei mir waren mehrere kleine Unfälle ständige Begleiter. Mal war mir beim Laufen der eine Fuß im Weg, sodass ich gefährlich stolperte. Ein anderes Mal ließ ich beim Schließen des Autos den Daumen in der Tür. Oder ich übersah eine Stufe der Treppe. Irgendwie hatte ich immer etwas, weil ich nicht bei der Sache war.

In den ersten Wochen nach dem Tod eines Partners, Elternteils oder Kindes sind Trauernde eben besonders verletzlich und funktionieren auf rationaler Ebene nicht wie gewohnt. Joan Didion beschreibt es so: „Im Sommer begann eine Zeit, in der ich begann, mich anfällig zu fühlen, wackelig. Eine Sandale verfing sich im Gehsteig, und ich musste ein paar Schritte laufen, um nicht hinzufallen. Und was, wenn doch? Was, wenn ich gefallen wäre? Was hätte ich mir gebrochen, wer würde das Blut an meinem Bein sehen, wer würde mir das Taxi rufen, wer wäre in der Notaufnahme bei mir? Wer wäre bei mir, wenn ich zurück nach Hause käme? Ich trug keine Sandalen mehr. Ich kaufte zwei Paar Turnschuhe, die ich von da an ausschließlich benutzte."

Trauern ist besser als Verdrängen

Es gibt wahrscheinlich genauso viele Möglichkeiten, sich vor dem Trauern zu „drücken", wie es auszuleben. Die erste und einfachste Möglichkeit, das Trauern zu umgehen, besteht in Verweigerung. Man spricht in diesem Zusammenhang von abwesender Trauer. Sprechen Sie jemandem Ihr Beileid aus und dieser beteuert, ihm gehe es gut und alles sei in Ordnung, können Sie davon ausgehen, dass er genau diese erlebt.

Menschen, die sich der Trauer verweigern, unterliegen oft der naiven Vorstellung, sich über die unangenehme Bewältigung einfach hinwegsetzen zu können. Wenn Sie sich selbst darin wiedererkennen, zwingen Sie sich möglicherweise dazu, nichts zu empfinden. Vielleicht zeigen Sie nicht einmal während der Bestattung irgendwelche Gefühle für den Verstorbenen. Nach seinem Tod stürzen Sie sich gleich in irgendeine Arbeit, um kein Leid zu empfinden.

Als ein solcher Mensch fühlen Sie sich nicht wohl, wenn das Gespräch auf den Tod des Angehörigen kommt. Sie weigern sich einfach, über Gefühle in Bezug auf Ihren Verlust zu sprechen. Mitleidsbekundungen quittieren Sie mit einem schnellen Themenwechsel zu erfreulicheren Inhalten. Sie sprechen nicht mehr über den Verstorbenen, und erzählen auch nichts über die Beziehung zu ihm.

In Extremfällen räumen Hinterbliebene die Habseligkeiten des Verstorbenen sofort aus den Schränken und geben alles weg. Viele suchen umgehend einen Ersatz für den Verstorbenen und stürzen sich in eine neue Beziehung, wenn sie den Partner verloren haben. Menschen, die sich weigern zu trauern, tun alles, um den Tod hinter sich zu bringen, ohne sich der harten Trauerarbeit zu stellen. Im Grunde sind sie auf der Suche nach schneller Heilung ihres Schmerzes.

Wer sich der Trauer verweigert, unterliegt der Vorstellung, sich über deren Bewältigung hinwegsetzen zu können.

Doch etwas bleibt ihnen verborgen: Selbst wenn man es schafft, die Trauer über den Verlust zu umgehen, irgendwann kommt der Tag, an dem man mit einem weiteren Verlust konfrontiert wird, und dann zahlt man die doppelte Rechnung. Denn mit der Trauer über diesen neuen Verlust erhebt sich der nicht betrauerte aus der Versenkung. Anstatt nur einen Verlust betrauern zu müssen, hat man es jetzt mit zweien zu tun. Es ist ganz normal, dass aktuelle Verluste Erinnerungen an frühere wachrufen, besonders wenn diese nicht abgeschlossen wurden.

Die vielleicht am weitesten verbreitete Methode, den Trauerschmerz zu umgehen, ist der Versuch, ihn mit Alkohol und Drogen zu betäuben. Angesichts der allgemeinen Praxis, bereits banale Alltagsprobleme im Alkohol zu ertränken, ist diese Tendenz nicht überraschend.

Wenn Sie unter dem schrecklichen Eindruck eines Todesfalls leiden, ist der Gedanke, den Schmerz mit etwas zu betäuben, das man einfach schlucken kann, besonders verführerisch. Oft sind sich Hinterbliebene nicht bewusst, dass sie instinktiv nach Substanzen greifen, die ihre ständige Angst und ihren Schmerz betäuben. Sie wissen nur, dass es mehr wehtut als alles andere, was sie bisher erlebt haben, und dass sie Entlastung brauchen.

Sie können davon ausgehen, dass man verschreibungspflichtige Medikamente ebenso missbrauchen kann wie Alkohol und Drogen. Die allermeisten Schlafmittel können in die Abhängigkeit führen, wenn Sie diese nicht nur zur Schlafförderung, sondern auch zur Linderung Ihres Trauerschmerzes verwenden. Mit den genannten Substanzen verschaffen Sie sich allenfalls eine kurze Pause. Schlimmstenfalls verstärken Sie damit Ihren Schmerz und verleihen Ihrem Trauerprozess ein Schreckenspotenzial, das völlig unangemessen ist.

So reagieren Körper und Seele

Trauer ist nicht vergleichbar mit einer Grippe, bei der wir ein paar Medikamente nehmen, uns ausreichend Ruhe gönnen und anschließend wieder geheilt sind. Trauer ist Schwerstarbeit für Körper und Seele. Man unterscheidet zwischen psychischen und körperlichen Reaktionen auf den Verlust eines Menschen. Beide stehen in engem Zusammenhang.

Psychische Reaktionen

Zu den psychischen Reaktionen und Gefühlen, die mehr oder weniger bei allen Trauernden auftreten, gehören:

■ Erleichterung

Wenn der Verstorbene an einer schmerzhaften Krankheit litt oder die Situation um ihn herum sehr schwierig und belastend war, kann es sein, dass man sich erleichtert fühlt. Auch wenn das Gefühl der Erleichterung verständlich ist, hält es nicht lange an, sondern wird meist von starken Schuldgefühlen abgelöst. Das sind normale Trauerphasen.

■ Handlungsunfähigkeit

Betroffene beschreiben das Gefühl der Handlungsunfähigkeit häufig als ein Gefühl des Gelähmtseins. Dieser Zustand kann direkt nach dem Verlust eintreten und monatelang anhalten. Selbst für die einfachsten Handlungen des Alltags, die üblicherweise schnell von der Hand gehen, wie die Zubereitung einer Mahlzeit oder das Saubermachen, fehlt die Energie. Behördengänge, die jetzt erledigt werden müssen, kosten über die Maßen Kraft; viele haben Angst, ihr Anliegen nicht verständlich rüberbringen zu können, und wagen es nicht, Telefonate zu führen. Andere mögen nicht mehr Auto fahren.
Geben Sie sich Zeit und überfordern Sie sich nicht. Nehmen Sie Ihre Ängste und Sorgen ernst. Jede noch so kleine Handlung, zu der Sie sich wieder in der Lage fühlen, ist ein Schritt zur Rückgewinnung Ihrer Handlungsfähigkeit. Je größer das Vertrauen in Ihre Fähigkeiten, desto schwächer wird das Gefühl des Kontrollverlustes.

■ Ängste

Einige Trauernde erleben Angstzustände in einem nicht gekannten Ausmaß. Sie haben Angst vor der leeren Wohnung oder der Dunkelheit und scheuen sich einzuschlafen. Einige erleben Sinnestäuschungen: Vor dem Fenster geht ein Schatten vorbei, die Treppe knackt, oder eine Tür fällt ins Schloss. „Ich sehe ihn immer auf der Bank sitzen!", „Manchmal sehe ich meine verstorbene Tochter. Da steht sie plötzlich hinter mir." Manche Trauernde haben intensive Träume, die man nicht steuern oder beeinflussen kann. Notizen können bei nächtlichem Aufwachen oder beim Aufstehen am nächsten Morgen helfen, das Geträumte besser zu verstehen und zu verarbeiten. Hinzu kommen in vielen Fällen mehr oder weniger berechtigte Existenzsorgen sowie die Unsicherheit bezüglich der weiteren Zukunft ohne den Verstorbenen. Auch der Gedanke an das eigene Ende löst Angst und Schrecken aus, denn durch den Tod eines anderen Menschen werden wir mit der Endlichkeit unseres eigenen Lebens konfrontiert.

Häufig äußern Betroffene, sie hätten Angst davor, durchzudrehen und verrückt zu werden. Verwirrende Gedanken und Empfindungen, die eigene schwankende Wahrnehmung und der Mangel an Konzentration, den viele Betroffene beklagen, führen zu dem Gefühl, neben sich zu stehen. Doch keine Sorge, Sie werden nicht verrückt. Dieses innere Chaos ist nur eine Reaktion darauf, dass Ihr Leben nach dem Tod eines Angehörigen ver-rückt wurde. Es dauert, bis alles wieder an seinem rechten Platz steht. Auch wenn das Erscheinungsbild eines typischen Trauernden nach außen etwas anderes vermuten lassen könnte, sind die ausufernden und extrem starken Gefühle, die nach einem schweren Verlust auftauchen, etwas völlig Normales.

■ Schuldgefühle

Verluste sind häufig mit Gefühlen der Reue und der Schuld verbunden. Vielleicht fühlen Sie sich nach dem Tod eines geliebten Menschen aus irgendwelchen Gründen schuldig. Schuldgefühle treten meist da auf, wo Unklarheiten über die Todesursache herrschen oder der Tod plötzlich eingetreten ist. Aber auch Betroffene, deren Partner nach längerer Krankheit verstarben, quälen sich mit der Frage, ob sie wirklich alles getan hätten. Aus eigener Erfahrung weiß ich, dass es sehr lange dauern kann, bis die Schuldgefühle überwunden sind.

Der Tod eines Menschen ist etwas Endgültiges. Wir können an diesem Menschen nichts wieder gutmachen oder es in Zukunft anders, besser machen. Wir können für Ungesagtes nicht mehr um Entschuldigung bitten, Versäumtes nicht nachholen. Wir können unseren Fehler nur bedauern und uns selbst verzeihen, um den Trauerprozess in Gang zu bringen. Schreiben Sie auf, wofür Sie sich schuldig bzw. verantwortlich fühlen. „Ich werfe mir vor, dass ich mir nicht mehr Zeit für meinen Vater genommen habe." Dann formulieren Sie den Satz um: „Es tut mir leid, dass ich mir nicht mehr Zeit für meinen Vater genommen habe." Und auf einen dritten Zettel halten Sie fest: „Ich verzeihe mir, dass ich mir nicht mehr Zeit für meinen Vater genommen habe." Tragen Sie diesen Verzeihungssatz bei sich oder hängen Sie ihn dort auf, wo er Ihnen immer wieder ins Auge fällt.

■ Wut und Aggressionen

Menschen, die jüngst einen nahen Angehörigen oder engen Freund verloren haben, müssen häufig zunächst mit ihrem Zorn über diesen Verlust fertig werden. Der Zorn kann sich dabei gegen sie selbst oder gegen andere richten. Ist er gegen die eigene Person gerichtet, geht er gewöhnlich mit Schuld- oder Reuegefühlen einher. Diese können darauf zurückzuführen sein, dass man etwas getan oder unterlassen hat, von dem man meint, es hätte den Verlust möglicherweise verhindern können („Hätte ich doch nur ...", „Wäre ich doch ...", „Warum habe ich nicht ...?").

Egal, wie sehr Sie davon überzeugt sind, dass Sie den Verlust hätten verhindern können, Sie haben getan, was Sie tun konnten. Begreifen Sie diese Gefühle als notwendigen Teil der Gewissensbisse und der Traurigkeit, die Sie ob dieses Verlustes empfinden. Sie müssen sich klarmachen, dass sie zum Trauern um einen geliebten Menschen ganz einfach dazugehören.

Richtet sich Ihr Zorn auf andere, dann meist zuallererst auf den Verstorbenen selbst (warum hat er mich mit den Kindern alleingelassen?) oder auf die Gesellschaft, die Ärzte oder Gott. „Warum gab mir Gott mein Kind, wenn er es mir dann gleich wieder weggenommen hat?" Selbst wenn man sich eingesteht, dass der Tod unvermeidbar war, kann man Zorn darüber empfinden, dass man verlassen wurde. Besonders wenn man einen geliebten Menschen viel zu früh durch Unfall oder Krankheit verliert.

Ich kann mich noch gut daran erinnern, wie wütend ich auf meine Mutter war, weil sie meinem Vater bereits nach kurzer Zeit in den Tod folgte. Dass sie es irgendwie geschafft hat, ihr Herz zum Stillstand zu bringen – ein Herz, das eigentlich gesund war. Ich empfand es als ungerecht mir gegenüber. Ich war auch wütend auf die Ärzte und überhaupt auf alles. Es fällt schwer, diese Gefühle zuzulassen. Sich diese Gefühle einzugestehen, ist ein Schritt voran im Trauerprozess. Denn die Wut muss raus. Bevor Sie sie hinunterschlucken, schreien Sie sie heraus, trampeln Sie mit den Füßen, schlagen Sie auf ein Kissen ein oder gehen Sie an die frische Luft und laufen Sie die Wut heraus.

■ Selbstgespräche und Zwiesprache

Es ist normal, dass Hinterbliebene mit dem Verstorbenen sprechen und so versuchen, sich innerlich mit ihm in Verbindung zu setzen. Insbesondere dann, wenn man mit dem Partner womöglich Jahrzehnte zusammengelebt hat. Diese inneren Gespräche helfen dabei, mit unserer Traurigkeit und den damit verbundenen Problemen zurechtzukommen. Auch nach Jahren kommt es noch vor, dass der oder die Verstorbene in Überlegungen einbezogen wird. Was hätte meine Frau gesagt? Wie hätte mein Mann reagiert?

Viele halten am Grab des Verstorbenen Zwiesprache – mitunter sogar recht laut. In unmittelbarer Nähe zu den Gräbern meiner Eltern liegt ein Mann begraben, der mit fünfundsechzig an einer schweren Krankheit starb. Seine Frau geht auch zwei Jahre nach seinem Tod jeden Vormittag an sein Grab. Das erste, was sie ihm entgegenruft, wenn sie sich nähert, ist ein „Guten Morgen, Karl! Da bin ich wieder." Und dann sortiert sie alte Blumen aus und erzählt und erzählt. Wenn sie etwas Komisches erlebt hat, lacht sie. Zum Schluss kommt dann das „Mach's gut, Karl. Bis morgen."

Mag sein, dass das einige nicht für normal halten. Ich habe jedoch den Eindruck, dass sie ihre Trauer gut bewältigt hat und ein Mensch ist, der mit beiden Beinen im Leben steht. Sie ist sehr kommunikativ, und da sie so viel zu erzählen hat, muss das eben auch am Grab raus. Erst wenn der oder die Verstorbene ständig in Gedanken präsent ist, kann dies die eigene Lebensentwicklung behindern und unter Umständen sogar krank machen. Doch vergessen Sie nicht, der Ablösungsprozess braucht seine Zeit.

Körperliche Reaktionen

Die Reaktionen unseres Körpers spiegeln häufig unseren Gefühlszustand wider. Jeder weiß, dass Stress auf den Magen schlägt oder Angst die Kehle zuschnürt. Auch Trauernde, die ein Gefühlskarussell ohnegleichen durchleben, reagieren mit extremen körperlichen Schmerzen auf den Tod eines geliebten Menschen. Der Verlust wird nicht nur emotional, sondern auch körperlich durchlitten. Das kann im Einzelfall sehr unterschiedlich sein. Viele Hinterbliebene beschreiben einen anfänglich starken Schmerz im Herzen, Stiche in der Brust, Atemnot, Herzrasen und Brustbeklemmungen. Bei anderen wandert dieser Schmerz im Körper umher und befällt nach und nach jedes Organ. Wieder anderen krampft sich der Magen zusammen.

Viele Betroffene rennen von einem Arzt zum nächsten, weil sie Angst haben, schwer krank zu sein. Mediziner versuchen den Ursachen für die Schmerzen auf den Grund zu gehen, ohne an die naheliegende Ursache, die Trauer, zu denken. Gehen Sie zum Arzt und lassen Sie sich untersuchen, vergessen Sie aber nicht, diesem von Ihrem Trauerfall zu erzählen. Nur dann kann er Ihren Verlust bei seiner Diagnose mit berücksichtigen.

Nachdem mein Vater gestorben war, bekam meine Mutter plötzlich Schwierigkeiten an den Beinen, und das Laufen fiel ihr schwer. Alle möglichen Untersuchungen wurden angestellt, doch alles war in Ordnung. Trotzdem „schlurfte" sie weiter. Erst nachdem sie verstorben war und auch ich von körperlichen Trauersymptomen betroffen war, konnte ich mir das erklären. Die Trauer um den Verlust meines Vaters hatte sich bei ihr körperlich auf diese Weise manifestiert. Sie konnte oder wollte ohne ihn nicht mehr weitergehen.

Andere Hinterbliebene erleben sogenannte Phantomschmerzen. Ist der Partner beispielsweise an Magenkrebs gestorben, leiden sie längere Zeit immer wieder an starken Magenschmerzen; starb jemand infolge eines Herzinfarkts, können ähnliche Krankheitssymptome beim Hinterbliebenen auftreten. In den allermeisten Fällen sind Schmerzen und andere gesundheitliche Probleme auf den Verlust zurückzuführen. Geraten Sie also nicht gleich in Panik, wenn körperliche Beschwerden auftreten. Sie sind genauso normal wie das Chaos, das in Ihrer Seele tobt. Weitere körperliche Trauerreaktionen, die im Lauf der Zeit an Intensität abnehmen, können sein:

> **Der Verlust eines Menschen wird nicht nur emotional, sondern auch körperlich durchlitten.**

■ Müdigkeit
Schwere Müdigkeit und Kraftlosigkeit stellen viele Betroffene bei sich fest. Sie fühlen sich zu müde, um sich der Welt der Lebenden zuzuwenden. Da hilft auch die zehnte Tasse Kaffee nichts. Machen Sie, wenn möglich, zwischendurch ein Nickerchen. Wer arbeiten muss, kann sich angewöhnen, in der Mittagsstunde an die frische Luft zu gehen.

■ Schlafstörungen
Schlimm ist für viele Trauernde die Angst vor der Nacht, vor dem Alleinsein. Sie können unter Schlaflosigkeit, häufigem Aufwachen, Nicht-mehr-einschlafen-Können und fehlendem Tiefschlaf leiden. Besuche von Freunden, Verwandten und professionellen Helfern am

Abend können in dieser Situation helfen, aber auch ein entspannender Spaziergang oder andere beruhigende Rituale.

■ **Appetitlosigkeit**

Sehr häufig kommt es zu fehlendem Hungergefühl. Die Mahlzeiten haben sich verändert, seit der Verstorbene weg ist. Sein Platz am Tisch bleibt leer. Der Trauernde will nicht kochen, muss es aber unter Umständen, wenn etwa Kinder im Haushalt leben. Doch er bringt nichts hinunter. Er trinkt nur noch aus der immer gleichen Tasse, isst im Stehen, Geschirr zu spülen wäre ein riesiger Aufwand. Er isst allein und probiert neue Essplätze aus. Gekochtes bleibt tagelang unangerührt stehen. Haben die einen das Gefühl, der Magen schnüre sich zu, geben sich andere regelrechten Fressattacken hin.

■ **Kopfschmerzen**

Viele Trauernde klagen in den ersten Wochen und Monaten über Kopfschmerzattacken, die mitunter von Übelkeit und Erbrechen begleitet werden.

Sorgen Sie gut für sich!

Eigentlich liegt es auf der Hand, dass es auch nach dem Verlust eines geliebten Menschen erste Pflicht ist, körperlich und emotional gut für sich zu sorgen. Das ist oft leichter gesagt als getan. Bei dem Stress, der nach dem Tod – auch bei einem absehbaren – eines nahen Angehörigen auf einen zukommt, ist es nicht schwer, die eigenen Bedürfnisse erst einmal hintanzustellen oder ganz zu vergessen. Wenn man bedenkt, dass man als Hinterbliebener zunächst sowieso keinen Appetit und keine Freude am Essen hat und es um den Schlaf auch nicht gerade zum Besten bestellt ist, steuert man auf diese Weise direkt auf eine Krankheit zu. Umso mehr, wenn Alkohol und Schlaf- sowie Beruhigungstabletten bei der Bewältigung eine Rolle spielen.

Regelmäßig essen

Als Trauernde sind Sie so sehr mit sich selbst beschäftigt, dass Ihnen banale Dinge wie Essen und Trinken gleichgültig werden. Gut ist es, wenn Sie Freunde haben, die Ihnen Ihr Lieblingsessen kochen und zusammen mit Ihnen essen. Auch wenn das nicht der Fall ist, müssen Sie die Mahlzeiten ganz oben auf die Prioritätenliste setzen, wenn Sie die zwingend benötigte Kraft behalten wollen. Auch wenn Sie keine großen Portionen essen können, denn darauf kommt es nicht an.

Achten Sie bewusst darauf, was Sie essen. Instinktiv greifen Sie vielleicht zu Nahrungsmitteln, die viel Zucker enthalten – wie eine Tafel Schokolade oder Kuchen. Ein Übermaß an Zucker ist aber das Letzte, was Sie jetzt brauchen, weil zu viel Zucker Ihre Stimmung noch weiter drücken und Ihren Schlaf stören kann. Ihr Immunsystem ist überdies schon geschwächt genug.

Greifen Sie stattdessen zu Obst und Gemüse und – wenn Sie keine Lust zum Kochen haben – besorgen Sie sich möglichst gesundes Fastfood oder Fertiggerichte. Nur wer regelmäßig isst, übersteht das Auf und Ab der emotionalen Berg-und-Tal-Fahrt.

In den ersten Wochen nach dem Tod meines Vaters habe ich mich kaum um das Essen gekümmert; merkwürdigerweise fing meine Mutter damals an, Riesenportionen meiner Lieblingsgerichte zuzubereiten, damit ich bei Kräften blieb. Sie selbst hat kaum etwas zu sich genommen. Und wenn, dann nur, wenn Sie bei mir war. Als meine Mutter starb, habe ich irgendwie panisch versucht, die Mahlzeiten zuzubereiten, die sie immer gekocht hat. Von den Rezepten hatte ich keine Ahnung und habe alles mühsam im Internet zusammengesucht bzw. in der Verwandtschaft erfragt. Ich musste alles einmal kochen,

Gut ist es, wenn Sie Freunde haben, die Ihnen Ihr Lieblingsessen kochen und zusammen mit Ihnen essen.

um sicherzustellen, dass ich für den Rest meines Lebens nicht darauf würde verzichten müssen. Ich musste mir beweisen, dass ich alle ihre Rezepte auch hinkriegen würde. Das war meine Art, mit dem ersten Schmerz umzugehen. Erst danach wurde ich ruhiger. Ich würde also nicht „verhungern".

Ausreichend schlafen

Trauer lastet auf Seele und Geist. Sie verschleißt Abwehrkräfte, Konzentration und Schlaf. Bewegung, Spaziergänge, Sport, Gartenarbeit oder ein Yogakurs sind dem trauernden Körper eine Hilfe. Abgesehen davon, dass man sich Schlaf- und Beruhigungstabletten vom Arzt verschreiben lassen kann (das aber bitte nur für ein oder zwei Wochen), ist es sinnvoll, wenn Sie sich tagsüber so viel wie möglich bewegen, damit Ihr Körper abends müde ist. Mithilfe von Meditationstechniken, bei denen es darauf ankommt, sich auf das Atmen zu konzentrieren, können Sie Ihren Kopf davon ablenken, ständig zu grübeln. Sie werden danach wieder besser schlafen. Ätherische Öle unterstützen ebenfalls die Entspannung. Geben Sie ein paar Tropfen in ein Aromalämpchen oder in ein Vollbad. Basilikum hilft bei nervlicher Erschöpfung, Lavendel fördert den Schlaf, Sandelholz, Majoran und Sellerie beruhigen die Nerven.

> *„Gib Worte deinem Schmerz: Leid, das nicht spricht,*
> *presst das beladene Herz, bis dass es bricht."*
> (William Shakespeare)

Mit der Welt in Kontakt treten

Nicht wenige Menschen brauchen in der ersten Zeit der Trauer ständig andere um sich; sie haben Angst, mit ihren überwältigenden Gefühlen allein zu sein. Andere sehnen sich nach Zeit und Raum für sich allein und meiden den Kontakt zu anderen. Wichtig ist, dass Sie sich mitteilen können, wenn Ihnen nach Gesellschaft zumute ist. Sie können zwar nur ganz allein trauern, müssen den Prozess der Trauer aber nicht allein durchstehen. Wenn Sie keine Freunde oder Angehörigen haben, die bei Ihnen sein können, wenn Sie sie brauchen, sollten Sie sich an einen professionellen Trauerbegleiter in Ihrer Nähe wenden.

Auch wenn Sie sich vielleicht anfangs scheuen, sich einem völlig fremden Menschen anzuvertrauen, glauben Sie, es lohnt sich. Schließlich sind diese Menschen speziell zur Unterstützung Trauernder geschult. Im Internet finden Sie hierüber vielfältige Informationen und Chatrooms mit Gleichgesinnten.

> **Sie können zwar nur ganz allein trauern, müssen den Prozess der Trauer aber nicht allein durchstehen.**

Kreativ sein

Fassen Sie Ihre Gefühle in Worte – führen Sie ein Tagebuch. Schreiben Sie Briefe an den geliebten Verstorbenen – drücken Sie Ihr Bedauern aus, teilen Sie die unausgesprochenen Dinge mit, die Sie nie zuvor angesprochen haben, notieren Sie, wie Sie sich fühlen und was Sie vermissen. Eine große Zahl von Trauernden wählt zur Verarbeitung der eigenen Trauer den Weg der Kreativität. Vor allem Menschen, die sich mit Gesprächen schwertun, greifen zu Pinsel oder Stift, um ihrem Schmerz Ausdruck zu verleihen. Selbst viele berühmte Künstler haben ihre Werke in der Situation eines Verlustes geschaffen.

So kann es für Trauernde sehr hilfreich sein, ihre Gefühle in Form von Bildern, Texten oder Songtexten auszudrücken. Während der Entstehung solcher Werke lassen Sie sich vor allem von Erinnerungen leiten, denken an gemeinsame Erlebnisse, und nicht selten führen Ängste, erlebte Einsamkeit oder einfach tiefer Schmerz den Pinsel oder den Stift. Auf diese Weise malen, zeichnen oder schreiben Sie sich die Seele frei und fühlen sich nach Vollendung Ihres Werks genauso erleichtert wie andere nach einem guten Gespräch. Jede genutzte Chance, die Batterien nach dem ersten Schock des Todes wieder aufzuladen, hilft Ihnen, den Trauerprozess in Gang zu bringen. Auch wenn Sie im Garten ein Blumenbeet neu gestalten oder die Küche streichen, sind Sie kreativ.

„Der Tod ist ohne Bedeutung, ich bin lediglich in ein anderes Zimmer gegangen. Ich bin ich, du bist du. Was immer wir einander waren, wir sind es noch. Sprich mit mir wie immer, auf die gleiche leichte Art und Weise. Verändere nicht den Klang deiner Stimme. Setze keine feierliche oder traurige Miene auf. Lache, wie wir immer über die kleinen Witze gelacht haben, an denen wir gemeinsam Spaß hatten. Spiele, lache, denke an mich. Belasse meinen Namen an seinem Platz, an dem er immer war. Spreche ihn mühelos aus, ohne die Spur eines Schattens auf ihm. Leben hat die gleiche Bedeutung, die ihm immer beikam. Es ist dasselbe, das es immer war. Da ist keinerlei Unterbrechung in der Beständigkeit. Warum sollte ich nicht mehr in deinen Gedanken sein, weil du mich nicht mehr sehen kannst? Irgendwo in der Nähe, nur hinter der Biegung. Alles ist gut." (Charles Pierre Péguy)

Hört dieser Schmerz denn nie auf?

Trauer weckt bei uns Befürchtungen, sie könnte niemals aufhören. Deshalb haben die meisten Menschen Angst davor, dass ihr Schmerz in dem Moment, in dem sie ihn zulassen, wie eine Falle zuschnappt und sie wie ein Strudel mit sich in die Tiefe reißt. Auch wenn er die ersten Wochen und Monate erbarmungslos wehtun kann, er wird nachlassen. Also lassen Sie sich gleich auf den Schmerz ein und gehen Sie ihm nicht aus dem Weg. Je eher Sie Ihren Schmerz in all seiner Intensität zulassen, desto schneller kommt der Tag, an dem er erträglich wird.

Versuchen Sie hingegen, Ihre Emotionen zurückzuhalten oder Ihren Schmerz zu ignorieren, verzögert sich der Trauerprozess, und er zieht sich in die Länge. Wird die Trauer in ihrer natürlichen und durchaus sinnvollen Funktion unterdrückt, muss langfristig mit seelischen, psychosozialen oder körperlichen Störungen gerechnet werden.

„Unter allen Leidenschaften der Seele bringt die Trauer am meisten Schaden für den Leib." Was Thomas von Aquin, der bedeutende Theologe und Philosoph des Mittelalters, über diesen leidvollen Zustand zu berichten wusste, traf damals zu und ist heute aktuell: Trauer zählt zu den schmerzlichsten Erfahrungen, die ein Mensch machen kann. Sie ist keine Krankheit oder Strafe, sondern sinnvoll. Wirken Medikamente direkt nach dem Verlusterlebnis noch unterstützend, hemmen sie auf längere Sicht den Heilungsprozess.

Die medikamentös „ausgestanzte" Trauerphase muss später nachgeholt werden. Sie sollten deshalb nur kurzfristig und bei Bedarf Tranquilizer vom Typ der Benzodiazepine schlucken, die Ärzte in solchen Situationen schnell verschreiben. Empfehlenswert sind pflanzliche Mittel wie Johanniskraut, Baldrian, Hopfen und Melisse. Sie scheinen – ausreichend hoch dosiert und lange genug eingenommen – den Trauerprozess tatsächlich etwas zu erleichtern, das Abgleiten in eine Depression zu erschweren, dabei aber die notwendige Trauerarbeit nicht zu verhindern. Wenn über längere Zeit keine nennenswerten Veränderungen im emotionalen Zustand zu erkennen sind, kann die Trauer in eine Depression umgeschlagen sein. Weitere Kennzeichen einer Depression sind starke Minderwertigkeitsgefühle oder zunehmende Suizidgedanken. In diesem Fall ist es wichtig, einen Arzt zu Rate zu ziehen. Die Depression ist nämlich kein Symptom der Trauer.

„Unter allen Leidenschaften der Seele bringt die Trauer am meisten Schaden für den Leib."

Ich fühl mich so allein!

„Du kannst nie einen Menschen trösten, kannst ihm nie Trost geben; du kannst nur akzeptierend so nah als möglich sein, bis der Trost aus seinem Inneren herauswächst." In Trauer zu sein heißt, mitten in einem Gefühl zu stecken, das man nicht mitteilen und auch mit keinem wirklich teilen kann. Wer darin steckt, kann nicht gleichzeitig draußen sein, ja nicht einmal über den Rand gucken und wahrnehmen, was dort vorgeht. Die Trauer ist so überwältigend, dass auch der Kontakt zu anderen Menschen in der Regel zunächst abbricht. Ratschläge werden zwar gehört, können aber die Isolation nicht durchdringen. Im Innern bleibt der Trauernde ganz allein und ohne Trost.

In den ersten Wochen und Monaten nach dem Verlust empfinden viele ein tiefes Gefühl der Verlassenheit. Die meisten Betroffenen wünschen sich in dieser schweren Zeit Freunde, die sich melden und ihre eigene Unsicherheit bekunden, die vielleicht auch nur weinen und sagen, dass sie nichts sagen können. Freunde, die bei der Bewältigung der Alltäglichkeiten einspringen und vielleicht nur einmal mit zum Friedhof kommen.

Viele Trauernde machen jedoch die Erfahrung, dass Freunde sich nicht mehr melden, Bekannte die Straßenseite wechseln oder sie in einer Runde sitzen, in der niemand über die oder den Verstorbene(n) reden will. Ungeduld und unbedachte Aussprüche, Mahnungen und Vorwürfe verstärken das Gefühl der Isolation und treiben weiter in die Vereinsamung. Außenstehende ertragen oft die Dauer der Trauer nicht, reden gut zu und bagatellisieren. Sie sagen dem Trauernden, er dürfe sich da nicht hineinfallen lassen. Sie sagen der Ehefrau, der Mann sei doch schon lange krank gewesen; schließlich sei es für alle besser, denn jetzt könne sie ihr Leben wieder genießen. Sie sagen

> **Die Trauer ist so überwältigend, dass auch der Kontakt zu anderen Menschen in der Regel zunächst abbricht.**

© shssi – Pixelio

Häufig befällt das Gefühl der Einsamkeit den Trauernden. Er fühlt sich von allen verlassen.

den fassungslosen Eltern, sie hätten ja noch andere Kinder und seien jung genug, um ein weiteres Kind in die Welt zu setzen. Bei derartiger Verletzung der Gefühle von Trauernden ist der Rückzug in die schützende Isolation nur zu verständlich.

Oft trägt die Umwelt ihren Teil dazu bei, dass wir uns nicht gestatten zu fühlen. „Sie trägt es gut", heißt es über eine Witwe, „bewundernswert", sagen andere. „Wie tapfer sie ist", wieder andere. Die Witwe, die das hört, wird sich alle Mühe geben, diesem Lob gerecht zu werden. Bis sie sich ganz in sich zurückzieht und krank wird. Bis ihr klar wird, dass sie nicht dazu da ist, die Erwartungen anderer zu erfüllen.

Dazu die Therapeutin und Beraterin Monika Müller: „Trauernde ziehen sich zurück, weil sie erst selbst begreifen lernen wollen, was durch den Verlust mit ihnen geschehen ist. Trauernde ziehen sich zurück, weil sie den Verlorenen nicht mit anderen teilen möchten. Trauernde ziehen sich zurück, weil sie sich in ihrer Andersartigkeit nicht verstanden fühlen. Trauernde ziehen sich aus Enttäuschungen zurück. Trauernde ziehen sich zurück, weil sie ihren Toten nicht selbstverständlich dabei haben dürfen. Trauernde sind viel verwundbarer. Oberflächliches Gerede kann ungemein verletzend und ermüdend sein. Die selbst gewählte Isolation ist ein Schutzwall." Sie kann aber auch ein Ruf nach Hilfe sein.

Der Wunsch, nachzusterben

Es führt kein Weg an der Trauer vorbei, sondern nur einer durch sie hindurch. Bis zu dem Punkt, an dem es nicht weiter abwärts geht, sondern Traurigkeit allmählich in so etwas wie Freude umschlägt. Zu trauern, ohne Gefühle zuzulassen, ist nicht möglich. Es gibt keine Verstandes-Trauer. Lassen wir diese Gefühle nicht zu, versteinern wir, und der innere Trauerweg wird nicht weitergegangen, der Weg, der letztlich aus der Krise, aus der Wüste, in die wir durch den Verlust geraten sind, wieder zurück ins Leben führt. Vermeiden wir zu trauern, bleiben wir für immer an die Vergangenheit gebunden und sind nicht frei für die Zukunft.

Das Erleben und Zulassen dieser Gefühle bewirkt, dass wir in einen Trauerprozess, in einen Entwicklungsprozess eintreten, durch den wir langsam – und sehr schmerzhaft – lernen, den Verlust zu akzeptieren. Wir müssen uns ohne den Menschen, den wir verloren haben, aber mit allem, was er in uns geweckt hat, wieder neu auf das Leben einlassen. Trauer ist ein ungeliebtes Gefühl und doch – als Reaktion auf schmerzhafte Erlebnisse – unverzichtbar für unsere psychische Gesundheit.

Zunächst gilt es, den Verlust schlicht und einfach zu überleben. Schon das ist schwer genug. Und das Überleben des Verlustes gelingt keineswegs immer. Ziehen sich Trauernde zurück, kann dies ein Zeichen für Lebensüberdruss und eine Infragestellung des Lebenssinns sein. Betroffene stellen sich den eigenen Tod ohne Schrecken vor. Denn so wäre man ja mit der geliebten Person vereinigt. Manchmal kommt es besonders bei alten Menschen zum Nachsterben des zurückgebliebenen Ehepartners binnen Jahresfrist.

Nachsterben heißt, dass man dem Sterben keinen Widerstand entgegensetzt und das Leben in dieser Situation als weniger attraktiv empfindet als den Tod. Der Volksmund spricht davon, dass man an „gebrochenem Herzen" sterben kann, und Studien untermauern dies. Der Wunsch, dem Partner in den Tod zu folgen, ist eine verständliche Reaktion, um dem Schleier der Traurigkeit zu entkommen. Hinter mancher Krankheit, hinter manchem Unfall des Hinterbliebenen kann sich der Wunsch des Nachsterbens verbergen. Trauernde können diesen Wunsch in der Regel gut als einen Teil ihres Weges erkennen und aus eigener Festigkeit diese Phase bewältigen.

Herbst

„Die Blätter fallen, fallen wie von weit,
als welkten in den Himmeln ferne Gärten;
sie fallen mit verneinender Gebärde.
Und in den Nächten fällt die schwere Erde
aus allen Sternen in die Einsamkeit.
Wir alle fallen. Diese Hand da fällt.
Und sieh dir andre an: es ist in allen.
Und doch ist Einer, welcher dieses Fallen
unendlich sanft in seinen Händen hält."

(Rainer Maria Rilke)

Wirst du weiterleben irgendwo?

Für die Menschen ist der Gedanke, dass mit dem Tod alles vorbei sein soll, so schwer erträglich, dass in allen Religionen der Gedanke an ein Leben nach dem Tod fest verankert ist. Ob Christentum, Judentum, Islam oder Buddhismus, für sämtliche Weltreligionen spielt die Frage, was nach dem Tod mit uns geschieht, eine sehr wichtige Rolle.

Ewiges Leben heißt nach christlichem Verständnis, dass der Verstorbene bei Gott ist. Der ganze Mensch, nicht nur seine Seele. „Ich glaube an die Auferstehung der Toten." Dieser Satz ist einer der Kernpunkte des christlichen Glaubens. Die Toten sind nicht verloren, nicht unendlich weit weg, sondern bei Gott. Für Christen mag der Gedanke an das Weiterleben nach dem Tod angesichts eines Verlustes ein Trost sein, auch wenn sie mit Gott hadern und zornig sind.

Aber auch diejenigen, die keiner Religion zugehören und nicht an Gott glauben, gelangen während des Trauerns zur Frage nach der Welt jenseits der Grenze des Todes. Denn jeder Trauernde erfährt unerbittlich die Mauer, die ihn von dem geliebten Menschen trennt. Der Tod ist eine Grenze, an die der Trauernde immer wieder schmerzhaft stößt. Und zugleich lässt sich bei jeder Grenze fragen, was dahinter liegt. Gibt es oder muss es hinter der Grenze, die unsere Welt umgibt, nicht eine andere Welt geben?

Mancher Betroffene wird sich keine andere Welt des Weiterlebens vorstellen können. Andere werden über die Grenzen hinaus schauen wollen. Wer sich auf seine inneren Bilder und seine Träume einlassen kann, schaut über die Begrenzungen unserer Welt hinaus. Er ahnt, dass es andere Räume und Wirklichkeiten als unsere begrenzte Welt der Lebenden gibt.

Stellen Sie sich vor, Sie sitzen am Strand und blicken auf die unendliche Weite des Meeres und den entfernten Horizont. Vielleicht ahnen Sie, dass sich irgendwo hinter dieser Unendlichkeit ein neues Land, ein neuer Raum, eine neue Welt öffnet. Nicht greifbar, aber vorstellbar.

Jeder Trauernde wird für sich die Frage nach dem Verbleib, dem Weiterleben und einer transzendenten Existenz seines geliebten Menschen beantworten müssen. Trauernde wissen, dass sie das für sich, aber auch für den Verstorbenen tun müssen. Denn Trauerarbeit ist auch die intensive, kräftezehrende Suche nach einem sicheren Ort für den Verstorbenen. Trauernde durchschreiten dabei in ihrem Suchen die ganze Welt bis in tiefste Tiefen und höchste Höhen und erleben dabei Himmel und Hölle, bis ihnen ein Bild, ein Gedanke, eine Verszeile einleuchtet. Ein sicherer Ort für den Verstorbenen: Das können konkrete Orte in der Natur sein, ein Platz in der eigenen Seele oder Orte in der Transzendenz – Himmel und Paradies, im ewigen Licht, in Gottes Hand ...

Muss es hinter der Grenze, die unsere Welt umgibt, nicht eine andere Welt geben?

„Noch spür ich ihren Atem auf den Wangen:
Wie kann das sein, dass diese nahen Tage
Fort sind, für immer fort, und ganz vergangen?

Dies ist ein Ding, das keiner voll aussinnt,
Und viel zu grauenvoll, als dass man klage:
Dass alles gleitet und vorüberrinnt."

(Hugo von Hofmannsthal)

Auf einer langen Reise

„Du musst einfach loslassen ..." Wie oft habe ich diesen Satz nicht schon gehört. Ein Satz, unbedacht und unüberlegt dahergesagt, ein Satz, der mich wütend macht. Denn er hilft nicht nur nicht, sondern gibt dem Trauernden auch noch die Schuld an seiner Trauer und daran, dass diese sich nicht innerhalb einiger Wochen erledigt hat. Und das alles nur, weil er nicht loslässt. Menschen, die einen Verlust erlebt haben, müssen gar nichts, und schon gar nicht „einfach".

Erinnern, Wiederholen und Durcharbeiten

Keiner ist davor sicher, das Liebste zu verlieren. Trotz dieses banal klingenden Satzes trifft uns ein Verlust wie eine harte Faust, und aus einem lebensfrohen und zukunftsgerichteten Menschen kann in Sekundenschnelle ein Zerrbild seiner selbst werden. Eine neue Gefühlslandschaft verändert die Wege eines Trauernden. Benommen und hilflos ist er einem Geschehen ausgesetzt, das ihm widerfährt, sich ohne bewusstes Zutun in ihm abspielt und auf seine Umgebung zurückwirkt. Er erlebt tiefe Einsamkeit und wird in für ihn nicht fassbare Vorgänge eingebunden. Seiner Freiheit beraubt, glaubt er, an dem, was ihm vorher so selbstverständlich erschien, irre werden zu müssen oder sich gar schuldig gemacht zu haben. Erst mit Abstand lässt sich verstehen, dass es nicht verrückt ist, auf eine im wörtlichen Sinn verrückte Wirklichkeit verrückt zu reagieren.

Wenn sich ein Trauernder langsam auf die neue Realität einstellt, wandern die Gefühle durch alle Regionen und Register, die dem menschlichen Fühlen möglich sind. Wie fühlt sich das an, was jetzt ist? Die neue Situation muss in ihrer gefühlsmäßigen Bedeutung im täglichen Erleben erspürt werden: in tiefer Traurigkeit und in selten gekannter Liebe und Zuwendung zu den vertrauten Menschen und zugleich in schroffer Abweisung und Wut. Schließlich gilt es, sich auf die neue Realität einzustellen: Handelnd erproben Trauernde die Spielräume, die der Verlust gelassen hat bzw. neu eröffnet.

Weil die Koordinaten der eigenen Existenz verschoben wurden, gelten auch die alten Muster und Leitlinien des Handelns nicht mehr. Berufstätigkeit, Beziehungen, Freizeitgestaltung – alles steht zur Disposition. Damit verändert sich auch die Wahrnehmung der eigenen Person. Dieser vielschichtige Prozess des seelischen Heilens lässt sich nicht steuern und bewältigen. Es ist eine Erfahrung des Lebens, dass die Seele die Kraft zu heilen in sich trägt, aber nur, wenn es einen Raum und einen eigenen Rhythmus dafür gibt.

Die Unfähigkeit zu trauern ist in Wahrheit die Unfähigkeit oder die Weigerung, der Trauer Platz zu geben und sich einzugestehen, dass sie für eine nicht vorhersehbare Zeit und in nicht kalkulierbarem Maß Kräfte und Energien bindet.

Trauern ist aber kein Zeichen von Schwäche, sondern eine Emotion, eine innere Bewegung, die dem Leben durch das Zulassen der verschiedenen, auch widerstrebenden Gefühle von Sinnlosigkeit, Wut, Resignation und Angst eine neue Ordnung und ein neues Selbst- und Werterleben geben kann – mit dem Ziel, die Veränderungen der Realität zu akzeptieren.

Trauerarbeit besteht darin, an die Position zum Verstorbenen immer und immer wieder auf beinahe stereotype Weise zu erinnern, die Beziehung gedanklich zu wiederholen und letztlich nicht nur die Frage zu klären, wen man, sondern was man an ihm verloren hat.

Erinnern, Wiederholen und Durcharbeiten sind ihre Elemente, die den größten Teil der Lebensenergien verbrauchen. Es geht darum, schrittweise neue Verhaltens- und Lebensmuster zu entwickeln.

Jeder Mensch kann trauern. So wie der Körper des Menschen die Kraft hat, sich gegen Krankheiten zu wehren und nach Verletzungen zu heilen, trägt auch die Seele in sich die Fähigkeit, Veränderungen und Verlust wahrzunehmen, zu verarbeiten und sich auf die neue Realität einzustellen. Trennung, Verlust und Abschied sind die natürliche Kehrseite der Lebendigkeit des Lebens. So wie Neues entsteht und geboren wird, vergeht Altes.

Abschiednehmen bedeutet also nicht nur, einen Verlust zu erleiden, sondern führt auch zur inneren Weiterentwicklung. Das Erleben von Trauer eröffnet die Möglichkeit, die Beziehung zu seinem Inneren herzustellen bzw. Nähe zu schaffen. In der Trauer den Verlust zuzulassen und sich auf den Schmerz einzulassen hilft, Wesentliches über sich selbst zu erfahren. Deshalb ist es so wichtig, sie zu durchleben. Allerdings ist ein Mensch im Prozess der Trauer nicht in derselben Weise verfügbar, wie eine Leistungsgesellschaft es ihm abverlangt. Genau dort entsteht das Problem, das wir allgemein als Tabuisierung des Todes und der Trauer beschreiben.

Entwicklungen vollziehen sich immer rasanter, und damit verdichten sich daraus ergebende Umbrüche und Veränderungen: ein neuer Arbeitsplatz, eine neue Wohnung, ein neuer Partner. Alles ist möglich. Dem Wertewandel und der zunehmenden Individualisierung begegnen wir mit wachsender Toleranz, Gleichgültigkeit oder Unsicherheit. Wir haben es inzwischen gelernt, uns schnell anzupassen, weiterzumachen, nach vorn zu schauen. Irgendwann lähmt uns dann ein diffuses Unzufriedenheitsgefühl, fehlt der klare, feste Boden unter den Füßen. Und so hetzen wir immer weiter und hoffen auf die Lösung mit dem nächsten Schritt. Dabei vergessen wir eine wichtige Kompetenz, nämlich die, mit all den Veränderungen und Verlusten umgehen zu können: unsere Trauerfähigkeit.

„Falls der Tod aber gleichsam ein Auswandern ist,
von hier an einen anderen Ort,
und wenn es wahr ist, was man sagt,
dass alle, die gestorben sind, sich dort befinden,
welch ein größeres Glück gäbe es wohl als dieses?

(Sokrates)

In unserer Gesellschaft, in der Stärke, Leistung und Konkurrenzdenken zu den erstrebenswerten Zielen zählen, ist kein Raum für lange Trauerrituale. Der Druck im Hinblick auf Produktivität und Effektivität und die Hoffnung, ewig jung zu bleiben, lassen immer weniger Raum und Zeit für Alter, Krankheit und Tod. Die Tabuisierung des Todes zeigt jedoch erste Risse, wie Silvia Piendl zutreffend beschreibt:

„Heute begegnet die Verdrängung und Tabuisierung des Todes wachsendem Widerstand. Ein neues Nachdenken über Krankheit, Sterben und Tod setzt ein. Dahinter steht die Suche nach Sinn und Identität. Mit diesem Suchen nach Sinn verbindet sich die Forderung nach einem menschenwürdigen Sterben als Recht, den eigenen Tod sterben zu dürfen." Dadurch wird vielleicht auch Trauer wieder zu etwas, was einen festen Platz im Leben der Menschen hat.

Die Suche nach dem Verstorbenen

Haben Trauende das Emotionschaos mit Leere, Schmerz, Angst, Zorn, Wut und Schuldgefühlen durchlitten, erleben sie eine Zeit, in der sie sich – bewusst oder unbewusst – auf die Suche nach dem Verstorbenen begeben: in Träumen, Fantasien, auf Fotografien, an Orten, die der Verstorbene mochte. Der Kontakt zur Umwelt wird zugunsten dieser „Beziehungsarbeit" stark eingeschränkt. Immer wieder setzt sich der Hinterbliebene mit dem Verlust auseinander. Dies führt bei den Betroffenen zu großer Ruhelosigkeit. Häufig besteht das Gefühl der tatsächlichen Anwesenheit der verlorenen Person. Der Betroffene versucht, alle auf den betrauerten Menschen hinweisenden Reize wahrzunehmen und genau zu beobachten.

Zum Beispiel werden Geräusche im Haus dahingehend interpretiert, als sei der vermisste Mensch doch noch präsent. Der Hinterbliebene sucht verzweifelt nach dem realen Menschen, mit dem er ganz bestimmte Erlebnisse, Erfahrungen, Lebensräume teilte und der jetzt tot ist. Überall, auch in fremden Gesichtern, Gestalten wird er gesucht, seine Gewohnheiten übernommen und nachgelebt. Plötzlich erscheint der Verstorbene, scheint zum Greifen nahe.

Zu dieser Suchbewegung kommt ein zweiter, entgegenlaufender Prozess: Der Verstorbene taucht in der Seele auf, er scheint Sie zu suchen und Ihnen begegnen zu wollen. Sehr deutlich und stark wird das in den Träumen erlebt. Für die meisten Hinterbliebenen ist dies eine tröstliche Erfahrung: Die Seele wird zum Raum der Begegnung mit dem Verstorbenen.

Gleichzeitig besteht der Impuls, sich von Erinnerungen frei zu machen. Man beobachtet ein Schwanken zwischen dem Hegen und Pflegen von Erinnerungsstücken und dem Drang, diese wegzuwerfen, zwischen dem Aufsuchen und Meiden von Orten, die einen an die verstorbene Person erinnern. Um diese gegenläufigen Tendenzen zu überwinden, wird schließlich akzeptiert, dass der Verlust von Dauer ist. Glückt der Trauerprozess, öffnet sich der Trauernde neuen Interessen und Tätigkeiten. Er hat gelernt, den Verstorbenen nicht mehr zu vereinnahmen, wie er das in den vorangegangenen Monaten noch nötig hatte.

Geräusche im Haus werden von Trauernden häufig so interpretiert, als sei der vermisste Mensch noch präsent.

Der Verlust ist nun ein integraler Bestandteil der Biografie, stellt keinen Fremdkörper mehr dar. Das heißt nicht, dass Schmerz und Traurigkeit nicht mehr auftreten können. Im Gegenteil, nun kommt der Tote selbst in den Blick und damit auch das Problem des Todes. Verena Kast nennt diesen letzten Teil des Trauerprozesses „Phase des neuen Selbst- und Weltbezugs". Der Verstorbene wird nun zu einem „inneren Begleiter", er wird zu etwas Eigenständigem, das zum Hinterbliebenen gehört.

Trauern ist oft sehr schmerzhaft und wird als bedrohlich erlebt. Manchmal überwältigen einen die Gefühle, und man möchte sie wegschieben, braucht eine Ruhepause. Aber es ist gut, dass die Gefühle und Bilder sich immer wieder einstellen. Denn letztendlich ist Trauer eine Überlebensstrategie. Sie zeigt dem, der sie durchlebt, neue Lebensinhalte und -ziele auf.

Abgeben und Festhalten

Festhalten und Loslassen bzw. Behalten und Abgeben bilden eine Einheit. Im Prozess der Trauer geht es also nicht nur um das Abgeben, sondern auch um das Behalten. Abgegeben werden könnte mit der Zeit der brennende Wunsch, alles wäre doch wieder wie zuvor. Abgegeben werden könnte mit der Zeit die Sehnsucht, den anderen wieder berühren, mit ihm sprechen zu können. Abgegeben werden könnte mit der Zeit, das eigene Leben nur noch um den oder das Verlorene kreisen zu lassen. Abgegeben werden könnte mit der Zeit auch der brennende Schmerz.

Behalten werden darf vor allem die Erinnerung an das, was war. Die Erinnerung an die glücklichen Stunden, an die Stimme des anderen, was er oder sie sagen würde. Behalten werden darf der Verlorene als innerer Ratgeber. Behalten werden darf die Erinnerung an gemeinsames Lachen und Weinen. Behalten werden darf das Gute, das mit dem anderen in unser Leben gekommen ist und das wir sonst nicht – jedenfalls nicht so – erfahren hätten. Behalten werden dürfen die Einsichten, die wir auf dem Weg gewinnen.

Sich vom Verstorbenen zu lösen und den eigenen Gefühlen eine neue Ausrichtung zu erlauben ist unendlich schwer. Diese Phase ist für viele Menschen die schwerste: Sie beinhaltet das emotionale Sich-Ablösen und gleichzeitig das Neubesetzen von psychischen Energien in andere Personen. Viele Trauernde halten an der früheren Bindung fest, statt vorwärtszuschreiten. Sie fürchten, die Erinnerung an den verstorbenen Partner zu „besudeln", wenn sie sich einem neuen Menschen zuwenden. Oder sie haben Angst, auch diesen Menschen zu verlieren. Oder sie scheuen den Konflikt mit den Kindern, die ihnen eine neue Beziehung übel nehmen könnten.

Die Verstorbene oder den Verstorbenen im Herzen festzuhalten ist einer von vielen Wegen der Trauerbewältigung. Dieser Weg ist nicht leicht, am Ende aber von Freude und innerer Zufriedenheit geprägt, sodass ein Loslassen überhaupt nicht mehr nötig bzw. nicht mehr sinnvoll ist.

„Das aber kann ich nicht ertragen, dass so wie sonst die Sonne lacht; dass wie in deinen Lebenstagen die Uhren gehen, die Glocken schlagen, einförmig wechseln Tag und Nacht.
Dass, wenn des Tages Lichter schwanden, wie sonst der Abend uns vereint; und dass, wo sonst dein Stuhl gestanden, schon andre ihre Plätze fanden, und nichts dich zu vermissen scheint.
Indessen von den Gitterstäben die Mondesstreifen schmal und karg in deine Gruft hinunterweben und mit gespenstig trübem Leben hinwandeln über deinen Sarg." (Theodor Strom)

Rückfälle bleiben nicht aus

Auch Menschen, die sich dem Leben wieder geöffnet haben oder zumindest nicht mehr am Boden zerstört sind, werden mitunter plötzlich von einem starken Trauerschmerz überfallen, so wie sie ihn unmittelbar nach dem Tod des geliebten Menschen empfunden hatten. Solche Attacken werden meist durch bestimmte Dinge ausgelöst, etwa durch einen speziellen Duft, ein Geräusch, die Umgebung, einen Jahrestag oder etwas, das einem nicht bewusst ist, aber an den Verstorbenen erinnert. Dieser intensive Schmerz ist meist aber nicht von langer Dauer.

Wichtig ist, dass Sie sich bewusst machen, dass dieser plötzlich auftretende Schmerz kein Zeichen dafür ist, dass Sie mit der Trauerarbeit wieder ganz von vorn anfangen müssen. Solche Einbrüche klingen ab und gehen vorüber. Die Waagschale neigt sich dem Leben zu, erst zögernd, doch dann immer deutlicher und verlässlicher.

Feiertage und Jahrestage bewältigen

Wer seinen Partner verloren hat, empfindet im ersten Jahr vor Wochenenden und Feiertagen meist große Angst. Es ist die Zeit, die traditionell für die Familie und gemeinsame Aktivitäten mit dem Partner reserviert ist. Am Wochenende kommt der Alltag zum Erliegen, die Geschäfte und Firmen haben geschlossen. Es gibt wenig Möglichkeiten, sich durch Routinearbeiten oder Verpflichtungen abzulenken. Schaut man aus dem Fenster oder geht nach draußen, scheint man nur glücklichen Familien zu begegnen.

Diese Beobachtung erinnert schmerzhaft an den eigenen Verlust, an das, was wir mit unserem Partner oder Angehörigen nie mehr erleben dürfen. Diese Angst steigert sich noch vor Feiertagen wie Ostern,

Weihnachten, Neujahr, vor Geburtstagen und vor allem vor dem Hochzeitstag. Unsere mit dem Partner verbundenen Rituale erscheinen uns – jetzt nach seinem Tod – sinnlos.

Trauert man um einen geliebten Menschen, kann der jährliche Zyklus der Feiertage, Geburtstage und anderer Jahrestage so schmerzlich sein, dass Betroffene sich dieser Herausforderung nicht gewachsen fühlen. Normalerweise sind es gerade diese Tage, auf die man sich freut und an die man sich später gern erinnert. Für Trauernde, die den Menschen verloren haben, mit dem sie Feste genießen konnten, haben sie nichts Anziehendes mehr. Viele der dabei zwangsläufig aufkommenden Gedanken sind schmerzlich, weil sie einem zeigen, wie einsam man an einem solchen Tag ist, den man früher mit dem geliebten Menschen verbracht hat. Die Abwesenheit des oder der Verstorbenen erschwert es den Hinterbliebenen, den Tag zu genießen. Trauernde versuchen, irgendwie durch diesen Tag zu kommen, den Schmerz auszuhalten.

Wenn Sie nach dem Verlust eines geliebten Menschen Feiertage einigermaßen überstehen wollen, werden Sie feststellen, dass es einfacher ist, sich ihnen mit dem nötigen Mut zu stellen, als sich vor ihnen zu verstecken. Sofern Sie dazu in der Lage sind, sich der Herausforderung zu stellen, sollten Sie den Festtag im Angedenken des Verstorbenen feiern und einen Gedenktag daraus machen. Nutzen Sie die feierliche Stimmung, um sich an ihn zu erinnern und ihn zu würdigen. Denken Sie dabei daran, dass Sie nicht im Mindesten dazu verpflichtet sind, diese Tage zu genießen – durchkommen ist alles.

Wer seinen Partner verloren hat, empfindet häufig große Angst vor Wochenenden und Feiertagen.

Jeder von uns hat seine ganz eigene Art, mit Trauer umzugehen. Auch für die Wochenenden und Feiertage muss jeder seinen eigenen Weg finden. Beide Extreme – so zu tun, als hätte sich nichts verändert, oder sich so zu verhalten, als gäbe es ohne den verstorbenen Menschen keine Zukunft – helfen nicht weiter. Vielmehr sollten wir ehrlich zu uns und anderen sein und zu unseren Gefühlen stehen. Wir brauchen keine Ausreden, wenn wir eine Einladung ablehnen oder spontan entscheiden, ob wir kommen oder nicht. Wir sind in einer Ausnahmesituation, in der wir auch von anderen Rechten Gebrauch machen dürfen, als es sonst vielleicht üblich ist.

Einige Betroffene bitten die Familienmitglieder, Festtagsaktivitäten anders zu gestalten, damit die Erinnerung weniger wachgerufen wird. Andere laden zum Geburtstag all ihre Freunde ein, um zu spüren, dass sie nicht allein sind. Wieder andere verreisen, um solchen Tagen zu entfliehen. Sie hoffen, in einer fremden Umgebung abgelenkt zu sein und den Schmerz des Erinnerns weniger zu erleben. Es gibt Menschen, die kurzerhand entscheiden, Festtage insgesamt zu ignorieren. Dieser Vorsatz birgt jedoch ein Problem: Um sie herum feiern die anderen Menschen, vor Weihnachten sind die Geschäfte dekoriert, und dies bleibt nicht ohne Auswirkungen auf sie. Die Erinnerung an vergangene schöne Zeiten taucht dennoch auf.

Gerade um Weihnachten herum – das Familienfest schlechthin – ist der Verlust eines geliebten Menschen besonders schwer zu ertragen. Wenn es überall weihnachtet und in Kaufhäusern ununterbrochen „O du fröhliche" aus den Lautsprechern dudelt, brechen für viele Hinterbliebene die schwersten Tage des Jahres an. Denn oft wurden mit dem Tod eines Menschen auch familiäre Beziehungen zerstört. In dieser Situation hilft es, dieses und weitere Feste einfach anders zu gestalten und eventuell neue Rituale einzuführen.

Die Familie des Theologen Dietrich Bonhoeffer entwickelte folgendes Weihnachtsritual: Jedes Mal schnitt sie einen Zweig aus dem Baum. Diese „Leerstelle" rief allen ins Bewusstsein, dass einer fehlte. Andere halten an den einmal „eingeführten" Ritualen fest, weil sie ihnen

Sicherheit geben. Was für den einen gut ist, kann für den anderen falsch sein. Jeder muss seinen Weg finden, damit umzugehen. Mir selbst hat es geholfen, einfach bis spätabends zu arbeiten und dann mit meinem Mann einen langen Spaziergang zu machen.

Andere reservieren die Wochenenden und Festtage für die Erinnerung an den verlorenen Menschen. Sie nehmen sich ein Fotoalbum oder alte Liebesbriefe zur Hand und tauchen ein in die schmerzlichen Gefühle. Manche schreiben über ihre Erinnerungen und Empfindungen Tagebuch. Wenn das eine bewusste Entscheidung ist, dann ist es gut. Allerdings sollte nicht jedes Wochenende nur den Erinnerungen gewidmet werden.

Eine andere Möglichkeit ist, sich einer Trauerbewältigungsgruppe anzuschließen und zusammen mit anderen Betroffenen zumindest einen Teil der Festtage oder der Wochenenden zu verbringen. Auch das Internet bietet Möglichkeiten, sich mit anderen auszutauschen, wenn einem die Decke auf den Kopf fällt.

Ich hätte dir gern noch so viel gesagt

Die Vorstellung, bestimmte Dinge nicht angesprochen zu haben, kann den Trauer- und damit den Heilungsprozess erschweren. Die Tochter hätte sich gern mit ihrer Mutter versöhnt, der Bruder seine Schwester um Verzeihung gebeten, der Vater sich bei seinem Sohn für die Ohrfeige entschuldigt, die Ehefrau ihrem Mann gern mitgeteilt, dass sich hinter ihren lieblosen Worten die eigene Erschöpfung durch die Pflege verbarg.

Trauernde, die an nicht angesprochenen Konflikten oder ungesagten Worten zu ersticken drohen, können das, was sie noch sagen wollten, auch im Nachhinein tun. Viele Betroffene empfinden es als entlastend, dem oder der Verstorbenen nach dem Tod alles zu erzählen. Solche Gespräche mit einem Verstorbenen können Sie als Trauernder in der eigenen Wohnung führen. Wie das funktioniert, beschreibt die Therapeutin Monika Müller:

„Sie suchen sich einen bequemen Sessel (oder ein Kissen auf dem Boden) und stellen oder legen eine weitere Sitzgelegenheit gegenüber oder neben sich. Nun stellen Sie sich vor, dass dort der Mensch sitzt, dem Sie noch etwas Wichtiges mitteilen wollen ... Beginnen Sie, ihn anzusprechen, wenn möglich nicht nur innerlich, sondern laut. Es ist wichtig, sich dabei zu hören. Dann sagen Sie ihm das, was Sie auf dem Herzen haben. Wenn alles Notwendige gesagt ist, wechseln Sie auf seinen Platz und lassen dort nachwirken, was Sie gehört haben. Und dann antworten Sie aus seiner Position. Sie werden vielleicht verblüfft sein, was Sie sich aus seinem Mund sagen hören. Führen Sie diesen Dialog so lange, bis auf beiden Seiten zunächst alles gesagt ist und nichts mehr auszusprechen drängt. Wechseln Sie am Schluss wieder auf Ihren ursprünglichen Platz und lassen Sie das Gesprochene und die Gefühle Revue passieren.“

Trauende können es als ebenso befreiend empfinden, sich in einem Brief an den Verstorbenen alles von der Seele zu schreiben. Lassen Sie alles einfließen, was Sie bewegt. Schreiben Sie sich alles von der Seele, was Sie bedrückt. Sie können dafür auch eines der virtuellen Trauerforen oder Klagemauern nutzen.

> „Erinnerung ist das Paradies,
> aus dem wir nicht vertrieben werden können.“
>
> (Novalis)

Verlorenes bewahren

Anfangs tut jede Erinnerung weh. Wohin Sie auch blicken, alles, was Sie sehen, lässt den Schmerz womöglich erneut aufleben. Langsam lässt die Verzweiflung jedoch nach, und der Wunsch, einen Ort der Erinnerung zu schaffen, nimmt Gestalt an. Wenn Sie sich an einen Verstorbenen erinnern, holen Sie den geliebten Menschen in Ihr Leben zurück und machen sich innerlich wieder vertraut mit ihm. Erinnerungen an den Toten oder die Tote drängen sich oft von ganz allein auf, im Traum, als Déjà-vu-Erlebnis, als ein Gefühl, bei einem bestimmten Geruch und anderem mehr.

Wir können Erinnerungen aber auch aktiv ins Gedächtnis rufen, wenn uns die Sehnsucht danach drängt und wir Trost brauchen. Wenn Sie es schaffen, sich immer wieder zu erinnern, wissen Sie, wie Sie die Liebe zu dem Verstorbenen in Ihrem Herzen halten können. Erinnerungen – Bilder, die uns vor Augen kommen – stärken und festigen die Bindung zum Verstorbenen.

Erinnerungen an den Toten drängen sich von ganz allein auf, im Traum oder als Déjà-vu-Erlebnis.

Sie können das alles mit einer Meditation noch verstärken: Erinnern Sie sich an eine bestimmte Situation, in der Sie und der Verstorbene glücklich waren, und malen Sie sich das Ganze bildhaft aus. Tauchen Sie voll und ganz in Ihre Vorstellung ein. Sie können aber auch die Fotoalben durchblättern, sich einige schöne Fotos aussuchen, diese vergrößern lassen und rahmen.

Oder Sie stellen aus einer Sammlung von Bildern eine Collage zusammen. Erinnerungsstücke können Gegenstände sein, die dem Verstorbenen gehörten. Einige Trauernde bauen eine Art Altar auf, andere schauen sich alte Videofilme an, wieder andere bewahren Kleidungsstücke der Verstorbenen auf, die sie manchmal tragen, wenn die Seele wieder trauert. Gegenstände, die der Verstorbene geliebt oder benutzt hat, können Erinnerungszeichen sein: Opas Pfeife, Omas Strickkorb, die Lieblingsjacke des Mannes, das Notizbuch der Frau, die Geburtstagsbriefe der Eltern, die selbst gemalten Bilder des Kindes.

> *„Die Friedhöfe liegen voller Menschen,*
> *ohne die die Welt nicht leben konnte."*
>
> (Irisches Sprichwort)

Als meine Eltern starben, habe ich mir immer wieder die Fotoalben angesehen und die Stationen meiner Kindheit betrachtet. Zwei Fotos auf dem Regal neben meinem Schreibtisch erinnern heute an meine Eltern, einige Bilder aus ihrer Wohnung hängen an den Wänden, die alten Rosenstöcke aus ihrem Garten blühen in meinem Garten um die Wette, die Engelsfiguren meiner Mutter schmücken Gräber und Fensterbänke, und die selbst geschnitzten Holzschalen meines Vaters sind mit kleinen Köstlichkeiten gefüllt. Ich trage den Ring, den meine Mutter trug, als sie starb.

Alles andere, was mir wichtig war und ist, bewahre ich zur Erinnerung in einem Karton auf, den ich dann hervorhole, wenn ich etwas in die Hand nehmen möchte, das ihnen gehört hat. Wenn Sie sich an Menschen erinnern, an die Liebe, die Sie Ihnen gaben, und an alles, was Sie von Ihnen gelernt haben, werden Sie das Gefühl haben, nicht ohne sie zu leben. Sie bleiben in Ihrem Herzen lebendig. Egal, was Sie tun oder wo Sie sind.

Gedenkorte und -zeremonien

Ein für alle Angehörigen und Bekannten öffentlicher Gedenkort ist das Grab des Verstorbenen. Ein Stein mit dem Namen und manchmal auch mit einer Inschrift erinnert an denjenigen, der hier bestattet wurde. Das Bedürfnis, an einem Ort Trauer und Verbundenheit liebevoll auszudrücken, zeigt sich in der Kultur der intensiven Grabpflege. Hingebungsvoll wird gejätet, gegossen, die Erde gelockert, gepflanzt und gestaltet, werden Blumen und Grablichter erneuert. Wir wissen den Körper des Verstorbenen dort in der Tiefe der Erde geborgen.

Ähnlich ist es nach einer Baumbestattung. Sofern diese nicht anonym war, können Sie später immer wieder den Baum Ihres Verstorbenen aufsuchen, um eine kleine Gedenkzeremonie abzuhalten. Haben Sie keinen solchen Ort der Erinnerung, weil der Verstorbene sich beispielsweise eine Seebestattung wünschte oder einfach anonym „unter dem grünen Rasen" bestattet werden wollte, sind eigens gestaltete Gedenkplätze hilfreich. Das kann eine Art „Altar" in der Wohnung sein oder Bilder und Gegenstände, die Sie liebevoll arrangieren und mit einem Blumenstrauß schmücken. Das kann ein Platz im Garten sein, eine Bank, auf die man sich setzen kann, um den Garten zu genießen und sich an den Verstorbenen zu erinnern. Vielleicht haben Sie ein paar schöne Steine, die Sie mit dem Namen des Toten beschriften und in den Garten einbeziehen können. Solche Gedenkorte sind insbesondere für Kinder wichtig (mehr auf Seite 168).

Auch Rituale und Zeremonien erhalten die Erinnerung an den Verstorbenen lebendig. Notieren Sie die für Sie wichtigen Erinnerungstage im Kalender: den Geburtstag des Verstorbenen, vielleicht auch den Hochzeitstag, den Todestag. Das sind ganz besondere Tage, die sich von allen anderen unterscheiden. Überlegen Sie, wie Sie einen solchen Tag gestalten möchten: Möchten Sie ihn allein verbringen oder lieber gemeinsam mit Freunden oder der Familie? Lassen Sie sich nicht von gut gemeinten Ratschlägen oder Sätzen wie „Das tut man doch nicht" beeinflussen. Es ist Ihre Entscheidung. Vielleicht werden Sie an diesen Gedenktagen besondere Blumen zum Grab bringen, eine Gedenkstunde einlegen oder irgendeinen Ort aufsuchen, an dem Sie mit dem Verstorbenen eine schöne Zeit verbracht haben.

Den Geburtstag des Verstorbenen kann man wie gewohnt mit Freunden und Verwandten bei Kaffee und Kuchen feiern und mit einem Spaziergang zum Grab verbinden. Machen Sie besondere Tage daraus, Tage, an denen Schmerz und Trauer wieder da sind und da sein dürfen, Tage, an denen Sie dem geliebten Menschen besonders intensiv begegnen. Eine Gedenkzeremonie kann zum Beispiel darin bestehen, sich mit Freunden und Familienmitgliedern zum Essen zu treffen und in diesem Rahmen des Verstorbenen zu gedenken.

Religiöse Gedenkrituale

Juden zünden an den Jahrestagen des Verstorbenen eine Kerze an und beten in der Synagoge das Kaddisch. Als Zeichen der Erinnerung und in Anerkennung des Verstorbenen hinterlassen sie bei einem Besuch am Grab einen Stein auf dem Grabstein.

In islamischen Kulturen ist es üblich, am Todestag im Rahmen einer Zeremonie das Grab des Verstorbenen zu besuchen und einen Kieselstein dort abzulegen. Vierzig Tage nach der Beerdigung lädt die Familie des Toten die Trauergemeinde zu einem Lokma-Kuchen ein. Am zweiundfünfzigsten Tag wird das Olum Mevlutu gefeiert, eine Andacht, die jedes Jahr am Todestag von der Familie veranstaltet wird, um des Verstorbenen zu gedenken.

Hindus richten in ihren Häusern Altäre ein, um den Verstorbenen mit Opfergaben zu ehren. Zum Andenken für seine Seele wird eine Kerze einem Fluss übergeben. Spätestens einen Monat nach der Verbrennung des Leichnams führen Hinduisten das Shraddha-Ritual durch. Bei dieser Totenfeier opfert einer der männlichen Nachkommen den Ahnen und den Totengeistern Klöße aus Reis. Kann dieses Ritual nicht stattfinden, weil es keine männlichen Nachkommen gibt, gilt das als Unglück. Der Verstorbene kann nun nicht wiedergeboren werden und muss im Geistreich verbleiben. Solange männliche Nachkommen leben, wird das Shraddha-Ritual jedes Jahr wiederholt. Durch die Verehrung der Ahnen können sich die Nachkommen Verdienste erwerben, die ihre Wiedergeburt begünstigen. Auch Buddhisten richten zum Gedenken an die Verstorbenen Altäre ein und bringen Opfergaben.

In unserer christlich geprägten Kultur beten gläubige Katholiken an Allerseelen auf besondere Weise für das Heil der Verstorbenen. Sie zeigen in der Eucharistiefeier und im gläubigen Empfang der Sakramente ihre Verbundenheit mit den Toten. Beim Besuch des Friedhofs wird symbolisch eine Kerze angezündet. Das protestantische Gegenstück ist der Toten- oder Ewigkeitssonntag. 1816 hatte König Friedrich Wilhelm III. von Preußen angeordnet, den letzten Sonntag im Kirchenjahr als allgemeinen Feiertag zur Erinnerung an die Verstorbenen zu begehen. Damit wurde in seinem Land aus den vielen regionalen Festtagen ein einheitlicher Feiertag.

In zahlreichen Gemeinden wird zum Klang der Gebetsglocke der Gemeindemitglieder gedacht, die im Lauf eines Kirchenjahres verstorben sind. Ihre Namen werden während des Gottesdienstes verlesen, und sie werden in die Fürbitten eingeschlossen. Am Totensonntag ist es üblich, zu den Gräbern zu gehen und diese mit Blumengestecken zu schmücken. Schließlich gedenken wir in Deutschland einen Sonntag zuvor der Toten von Krieg und Gewaltherrschaft. Nach Ende des Ersten Weltkrieges regte der Deutsche Volksbund an, diesen nationalen Trauertag einzurichten. Der Volksbund ist zugleich Träger dieses Gedenktages.

Der Tag der Toten

Ein ganz besonderes Gedenkfest gibt es in Mexiko alljährlich in der Nacht vom 1. auf den 2. November. Schon Tage zuvor wird das Land geschmückt und hergerichtet. Die Straßen verwandeln sich in Blütenteppiche, und aus den Küchen duftet es nach Gebackenem. Doch auf

wen wartet man? Es sind die Verstorbenen, genauer gesagt: deren Seelen, die in dieser Nacht aus dem Jenseits zurückkehren sollen, um ihre
Familien zu besuchen. „Día de los Muertos" – Tag der Toten – heißt
dieses ganz besondere Familienfest, zu dem die Toten eingeladen sind.

Die Tradition ist alt und geht auf die indianische Urbevölkerung
zurück. Für sie war der Tod nicht das Ende, sondern der Anfang
eines neuen Lebens – eines besseren Lebens als dem auf Erden. Deshalb unterscheidet sich dieses Fest so grundlegend von Allerheiligen,
das zeitgleich bei uns gefeiert wird. Überall gibt es Totenköpfe aus
Zuckerguss und Brot in Knochenform zu kaufen. Die Menschen tragen Skelett-Kostüme, in den Wohnungen und auf öffentlichen Plätzen
werden Altäre für die Toten aufgebaut – beladen mit Blumen, Kerzen
und den Lieblingsspeisen der Verstorbenen. Schließlich müssen sich
die Toten nach der langen Reise stärken.

Gegen Mitternacht wird es für die Seelen der Toten Zeit, ins Jenseits
zurückzukehren. Zum Abschied ziehen die Familien zum Friedhof,
der nun einem Festplatz gleicht: singende, lachende und tanzende
Menschen – und das bis in die frühen Morgenstunden. Für einen
Fremden ist das alles kaum zu verstehen. Exotisch, mystisch und fröhlich trotzt das Fest dem „traurigen" Anlass.

In unserer Kultur unvorstellbar. Auf Friedhöfen geht es ruhig zu, und
wenn Kinder fröhlich lachend zu Opas Grab laufen und lauthals erzählen,
was sie zum Geburtstag bekommen haben, ernten Mütter oder Väter
böse Blicke. Was würde wohl passieren, wenn Angehörige, die das Grab
eines Verstorbenen besuchen, auf der Bank ein kleines Picknick veran-
stalteten? Eine ganz besondere Gedenkstunde für den Verstorbenen, wie
es sich sicher der eine oder andere schon mal vorgestellt hat.

Andere Länder, andere Sitten: In Russland treffen sich die Angehörigen eines Verstorbenen am zwanzigsten Tag nach seinem Tod noch

einmal am Grab. Nach einem gemeinsamen Mahl streuen sie Gerste auf das Grab, damit die Vögel dem Verstorbenen Gesellschaft leisten. Im katholischen Irland kommt jeder, der den Toten kannte, zur Beerdigung. Das gehört zum guten Ton. In einigen ländlichen Gebieten Irlands kommt es vor, dass sich das ganze Dorf auf dem Friedhof einfindet. Ein traditionelles Ritual ist das Campen neben dem Grab des Verstorbenen: Die Familie wacht eine Woche lang, bis die Seele mit Gott wiedervereint ist.

> *„Wer im Gedächtnis seiner Lieben lebt,*
> *der ist nicht tot,*
> *der ist nur fern;*
> *tot ist nur,*
> *wer vergessen wir."*
>
> (Immanuel Kant)

Eine innere Liebe

Der Verstorbene bleibt eine wichtige Person im Leben des Hinterbliebenen. Das Kind bleibt das Kind, auch wenn es gestorben ist, die Eltern bleiben immer Eltern, und der langjährige Partner hat für immer seinen Platz im Herzen. Wahrscheinlich wird die Trauer nie ganz abgeschlossen sein, wenn Sie mit dem Verstorbenen eine intensive Beziehung gelebt haben. Die Trauer hilft uns, eine neue Beziehung zum Verstorbenen zu finden. Sie wandelt die bisherige Weise des Liebens in eine neue, innere Liebe. Wir können sie als innere, als geistige, als psychische Beziehung verstehen. Der Tote ist fern – und gleichzeitig sehr nah.

Der Tod hat zwar die Macht, in Liebe miteinander verbundene Menschen zu trennen, aber nicht die Macht, die Beziehung dieser Menschen und die Liebe zwischen ihnen zu beenden. Der Psychologe C. G. Jung prägte für die Trauer einmal den Begriff „Erinnernde

Liebe". Und genau darum geht es: einen Raum zu schaffen für diese Erinnerungsarbeit.

Die Nähe suchen

Jeder Trauernde möchte und muss auf dem Weg zurück ins Leben eine neue Beziehung zu dem Verstorbenen finden. Auf dem Weg dorthin können intensive Gefühle wach werden. Da wäre zum einen das Mitgefühl, das wir mit dem Verstorbenen empfinden. Wir fühlen mit seinem Schicksal, weil er leiden musste. Einige Betroffene identifizieren sich mit dem Verstorbenen oder wünschen sich, lieber an seiner Stelle gestorben zu sein. Dahinter steht der Wunsch, diesem Menschen ganz nah zu sein. Zur Trauer gehört eben die Liebe.

> **Der Prozess des Trauerns hilft uns, eine neue, „innere" Beziehung zum Verstorbenen aufzubauen.**

Viele Trauernde verwirrt es, dass sie ihre Liebe zu dem Verstorbenen so intensiv spüren wie nie zuvor. Sie sehen den Verstorbenen mit all dem, was ihn ausgemacht hat, sehen seine Einmaligkeit und erfahren schmerzlich, dass er unersetzlich ist. Was gern als Idealisierung des Verstorbenen beschrieben wird, kann auch anders gedeutet werden: Die Trauer ruft die Liebe wach – als Gegenkraft zum Verlust. Bleibt das starke Gefühl der Sehnsucht zum Verstorbenen. Man weiß, der geliebte Mensch wird nicht zurückkehren, aber die Sehnsucht nach ihm schafft eine Art von Nähe.

Die Lücke füllen

In den Alltag hat der Verstorbene eine große Lücke gerissen. Er wird nie wieder mit uns am Tisch sitzen. Doch die Erinnerung an ihn ist fest in uns verankert. Wenn Sie glauben, ihn zu verlieren, hilft Ihnen Ihre Sehnsucht nach dem Verstorbenen, ihn wiederzufinden. In der ersten Trauerzeit meinen Sie mitunter, den Verstorbenen irgendwo zu sehen oder zu hören, wie er die Haustür aufschließt.

Im Lauf der Zeit richtet sich die Suche nach innen. Hatte ich anfangs häufig das Gefühl, meine Mutter in der Stadt oder ganz plötzlich in der Küche zu sehen, ist es heute so, dass ich sie – wie auch meinen Vater – in mir finde. Vertrauen Sie darauf, dass Sie selbst der Raum werden, in dem Sie dem Verstorbenen begegnen können.

Wir trauern nur, wenn wir einen geliebten Menschen verlieren. Kennt man einen Menschen nicht und hat keine tiefe Verbindung zu ihm, drückt man sein Beileid aus, trauert aber nicht im eigentlichen Sinn um ihn. Wir können mitfühlen und sind erschrocken, wenn etwa bei einem Attentat Menschen ums Leben kommen. Aber um sie trauern können wir nicht. Zur Trauer gehört die Liebe.

Deswegen lässt sich Trauer auch als ein Akt der Liebe bezeichnen. Wenn Sie das Trauern als einen unentbehrlichen Prozess der Liebe sehen, fühlt es sich nicht mehr wie eine Bestrafung an. Vielmehr ist es ein erster Schritt hin zur echten Würdigung der gemeinsamen Liebe. Diese Würdigung ermöglicht es Ihnen zu lernen, diese Liebe auch nach dem Ende des Trauerprozesses ein Leben lang aufrechtzuerhalten.

Nähe in Träumen

Viele Hinterbliebene träumen in der aktiven Trauerphase von den Menschen, die sie verloren haben. Solche Träume sind so häufig, dass Trauerfachleute sie in Kategorien eingeteilt haben.

■ Erscheinungsträume
Der Verstorbene erscheint den Hinterbliebenen im Traum, meist in vertrauter Umgebung. Manchmal spricht er sie an, auf jeden Fall erkennt ihn aber der Träumende und fühlt sich durch den Anblick beruhigt und getröstet.

■ **Botschaftsträume**
In diesen Träumen übermittelt der Verstorbene irgendeine Botschaft. Das kann eine einfache Information, eine Anweisung oder eine Warnung sein. Ein solcher Traum hinterlässt meist Verwirrung, weil seine Botschaft unverständlich ist.

■ **Unterstützungsträume**
Der Verstorbene erscheint im Traum, um den Hinterbliebenen zu beruhigen. Oft vermittelt der Traum, dass es keinen Grund zur Sorge gibt, weil es dem Verstorbenen gut geht.

■ **Traumaträume**
Diese Träume kommen äußerst selten vor. In ihnen erlebt der Trauernde ein mit dem Verstorbenen verbundenes traumatisches Ereignis. Abgesehen von den Traumaträumen besteht das Hauptverdienst der Träume darin, den Trauernden zu beruhigen. Sie vermitteln, dass der Verstorbene nicht länger leidet und nicht endgültig verloren ist. Außerdem bieten sie eine ständige Kontaktmöglichkeit. Meist verschwinden diese Träume nach der ersten Trauerphase.

Gutes für den Körper

Trauern stresst den Körper. Traurigkeit zeigt sich nicht nur im Weinen und Klagen, sondern auch in angespannten Muskeln und in einem flachen Atemrhythmus. Mit dem Trauern verbundene Gefühle wie Hilflosigkeit können sich in einer gebeugten und zusammengesunkenen Körperhaltung ausdrücken.

Neben den durch emotionalen Stress verursachten körperlichen Problemen müssen Sie unter Umständen auch mit vorübergehenden körperlichen Angstsymptomen fertig werden, die während des Trauerns über Sie hereinbrechen.

Diese Symptome können von einfachen Schmerzen in der Brust über Kurzatmigkeit bis zu ausgewachsenen Panikattacken reichen, bei denen Sie das Gefühl haben, keine Luft mehr zu kriegen. Nicht selten verspüren Sie dann Herzrasen. Einfache Atemübungen wirken beruhigend. Dabei kontrollieren Sie bewusst das Ein- und Ausatmen und verlangsamen Ihren Atemrhythmus. Atmen Sie möglichst ruhig und tief und zählen Sie in Gedanken beim Ein- und Ausatmen Ihre Atemzüge. Steigern Sie die Spanne langsam von anfangs fünf bis auf zehn. Machen Sie am Ende jeder Atemphase eine kleine Pause, bevor Sie die nächste beginnen. Achten Sie bei jedem Einatmen darauf, dass Sie Ihre Lungen vollständig mit Luft füllen. Entspannen Sie dazu Ihr Zwerchfell, und lassen Sie Ihren Brustkorb sich mit dem Einströmen der Luft heben und dehnen. Bereits nach wenigen Minuten spüren Sie eine Entspannung im Oberkörper, die allmählich den ganzen Körper erfasst.

Diese beruhigende Atemübung können Sie auch mit einer Meditation verbinden. Beim Einatmen nehmen wir beispielsweise immer etwas in uns auf. Lenken Sie also während des Einatmens Ihre ganze Aufmerksamkeit darauf, positive und stärkende Energien aufzunehmen. Denken Sie dabei an helles Licht, an Liebe, Leichtigkeit oder an etwas, das Ihnen guttut. Umgekehrt können Sie beim Ausatmen Ungeliebtes abgeben: Schmerz, Angst, Sorgen, Traurigkeit. Wenn Sie sich bei dieser Übung etwas Schönes vorstellen, erhöht sich der Beruhigungseffekt, und die Muskeln des Körpers entspannen sich.

Gönnen Sie sich Pausen von der Trauer. Nehmen Sie Kontakt mit der Natur auf. Das Bedürfnis nach körperlicher Bewegung lässt sich mit der Möglichkeit verbinden, die Schönheit und das Wunder der Natur zu erleben. Das kann für Trauernde eine wahre Erholung sein. Die Natur schenkt Ihnen Kraft und eröffnet neue Perspektiven. Die Traurigkeit und die Angst davor, wie es weitergeht, führen dazu, dass unsere Muskeln sich verspannen. Meist sitzt dieser Schmerz im Nacken- und

Schulterbereich. Wenn Sie niemanden haben, der Sie massiert, lassen Sie sich von Ihrem Hausarzt Massagen verschreiben. Massagen in der Trauerzeit lösen nicht nur aufgestaute körperliche Anspannungen, sondern können auch emotionale Dämme aufbrechen.

> *„Da die Menschen kein Heilmittel gegen den Tod,*
> *das Elend, die Unwissenheit finden konnten,*
> *sind sie, um sich glücklich zu machen,*
> *darauf verfallen, nicht daran zu denken."*
>
> (Blaise Pascal)

Schritt für Schritt in ein neues Leben

Trauer ist eine ungeahnte Herausforderung an unsere Gefühlswelt. Wir haben mehr auszuhalten, als wir uns vorstellen konnten. Uns ist vielleicht nicht danach, noch weiter im Hier zu bleiben, doch zusätzliche Aufgaben sind zu bewältigen, und irgendwie finden wir den Mut und die Kraft weiterzugehen: einen Atemzug nach dem anderen. Schritt für Schritt. Niemand will den oder das verlieren, woran seine Liebe hängt. Dennoch gehört der schmerzliche Verlust zum Leben. Wer die Trauer zulässt, weiß irgendwann, dass der Verlust endgültig ist, dass keine Sehnsucht, keine Traurigkeit und keine Wut den Toten jemals zurückbringen wird. Immer wieder zieht einem das Leid den Boden unter den Füßen weg. Und erst wenn man sich durch diese Phase gekämpft hat, kommt das erste zaghafte Ja zur neuen Situation. Man muss sich in dieses Ja hineinkämpfen. Dann spürt man auch, wie neue Kräfte wachsen.

Das ist der Moment, die Harmonie wiederherzustellen, die durch das Trauern unterbrochen war. Das bedeutet nicht, dass man mit dem Tod eines geliebten Menschen einverstanden ist, dass man nicht länger bedauert, was passiert ist, dass man aufhört, Schmerz zu empfinden.

Zu dieser Harmonie gehört nicht einmal unbedingt, dass man jemals den Grund des Todes akzeptieren und verstehen wird, wie er sich in das große Ganze einordnen lässt. In Frieden mit einem Verlust zu leben heißt, dass man in seinem Leben einen Punkt erreicht, an dem man nicht länger von der Trauer aufgerieben wird, dass die Gefühle nicht mehr alles überlagern und es unmöglich machen, an irgendetwas anderes zu denken. Ferner heißt es, dass man sich wieder auf das Leben mit all seinen kreativen und banalen Aspekten einlässt. Bei alldem ist ein Vergessen jedoch nicht eingeschlossen. Es bleibt eine Narbe, die sehr oft Schmerzen verursachen wird. Hinterbliebene, die aus dem Labyrinth der Trauer herausgefunden haben, können damit aber umgehen. „Nicht alle Schmerzen sind heilbar", heißt es in einem Gedicht von Ricarda Huch. Und sie hat recht.

> **Man muss sich in ein Ja hineinkämpfen. Dann spürt man auch, wie neue Kräfte wachsen.**

Die Erinnerung an den Verstorbenen wird bleiben, aber auch die Dankbarkeit, einen Teil des Weges mit ihm oder ihr gegangen zu sein. Wir werden den Verstorbenen nicht vergessen, aber uns neu orientieren. Und dann passiert es vielleicht, dass wir verstehen, dass Liebe niemals besitzen, aber deshalb auch nicht verlieren kann. Dass wir unsere geliebten Toten unverlierbar im Herzen tragen und dass die Liebe und der Schmerz unser Leben wesentlich machen.

Zerbrechen oder wachsen?

Die Natur hat den Menschen so ausgestattet, dass er Trauer empfinden und ertragen kann. Trauer ist ein unverzichtbares psychophysisches Regulativ, um lebensfähig zu bleiben. Trauer braucht Raum, Zeit, Wege und Mittel der Darstellung – wie das Gespräch, das Ritual, die Kunst, die Musik, das Schreiben oder anderes schöpferisches Tun –, um an die Oberfläche zu treten. Forschungsergebnisse zeigen, dass viele Trauernde an dieser schweren Aufgabe sogar wachsen.

Nach dem Verlust eines geliebten Menschen wird Ihr Leben nie wieder so sein wie zuvor. Es wird für immer verändert. Die Trauer um den Verlust eines Menschen ist gleichzeitig auch das Bedauern darüber, dass Veränderungen damit einhergehen. Auch wenn man nicht darauf vorbereitet war, sein Leben so drastisch zu verändern, man hat keine Wahl, als nachzugeben und sich an die neue Situation zu gewöhnen. Viele Menschen, die den Trauerweg gegangen sind, sind verändert, bereichert und haben zu sich selbst gefunden. Ihre Werte haben sich gewandelt.

Menschen können durch den Trauerprozess kreativer, toleranter, unabhängiger, standhafter, geduldiger, stiller, demütiger, bedächtiger, feinfühliger werden und sensibler auf die Belange anderer Menschen reagieren. Sie können genussfähiger, lebensfreudiger, dankbarer und engagierter werden. Oft sind sie mehr auf das Wesentliche konzentriert. Der Tod zwingt zwar zu weitreichenden Veränderungen im Leben, aber man kann immer noch selbst entscheiden, wie man diese umsetzt. Sie können wählen, ob Sie den Verlust nur überleben und den Schmerz hinter sich bringen wollen oder ob Sie an diesem Schicksalsschlag wachsen und ihn nutzen wollen, sich als Mensch weiterzuentwickeln. Wer ganz am Anfang seines Trauerweges steht, wird das kaum für möglich halten. Und doch ist es so. Die Trauerarbeit verändert. Nach der Bewältigung können sich neue Perspektiven eröffnen, die keinen Bezug zum Trauerfall haben.

In das eigene Leben investieren

Trauer weist uns auf die Vergänglichkeit unseres Lebens und der Dinge dieser Welt hin. Sie verdeutlicht uns, dass Leben immer auch heißt, Abschied zu nehmen und sich zu trennen. Damit fördert sie eine Haltung, die uns hilft, den Augenblick und das Vorhandene zu schätzen und die Relativität vieler Werte und Verhaltensweisen zu erkennen. Experten bezeichnen das als „abschiedlich leben". Vielen Menschen hat folgende morgendliche Frage zu einer Änderung ihrer „Routinen" verholfen: „Was würdest du heute anders machen, wenn dies der letzte Tag deines Lebens wäre?"

Vielleicht haben Sie bedauert, dass Ihr Verstorbener vieles nicht „geregelt" oder zu Lebzeiten besprochen hat. Überlegen Sie, ob Sie sich genauso verhalten wollen oder lieber das Gespräch über die mit Tod und Abschied verbundenen Fragen suchen. Zögern Sie nicht, schon in jungen Jahren ein Testament zu machen, wenn Sie den Eindruck haben, dies sei nötig. Wer seine Angehörigen nicht mit den Kosten für eine Beerdigung belasten möchte – und diese können sich schnell auf bis zu 6000 Euro belaufen –, sollte überlegen, eine Sterbegeldversicherung abzuschließen. Das geht auch noch im hohen Alter und ist nicht einmal allzu teuer. Und nicht zuletzt: Finden Sie heraus, was Ihnen im Leben wirklich wichtig ist, und versuchen Sie, diesen Dingen und Menschen genügend Raum zu geben, solange es Ihnen möglich ist.

Verlieren Sie dabei nicht aus den Augen, wie Sie sterben möchten. Hilflos an medizinischen Geräten hängen und nicht mehr selbst bestimmen zu können, davor haben viele Angst. Etwa acht Millionen Menschen in Deutschland haben für diesen Fall mit einer Patientenverfügung vorgesorgt und festgelegt, welche medizinischen Maßnahmen im Ernstfall erwünscht sind oder abgelehnt werden. In Zukunft muss der Patientenwille von Ärzten befolgt werden. Der Bundestag hat im Sommer 2009 neue Regelungen für die Patientenverfügung erlassen, die in schriftlicher Form vorliegen muss.

Wer eine derartige Verfügung verfasst, sollte auch gleich an die Erteilung einer Vorsorgevollmacht denken. Diese legt fest, wer nach einem schweren Unfall oder bei einer plötzlichen Erkrankung für den Betroffenen handelt. Die beste Patientenverfügung nutzt ohne begleitende Vorsorgevollmacht wenig. Denn der niedergelegte Wille muss gegenüber Ärzten und Pflegepersonal auch kommuniziert werden, wozu der Patient in der Situation, für die die Verfügung gedacht ist, nicht mehr in der Lage ist. Die Bedeutung des Bevollmächtigten nimmt zu. Das neue Gesetz sieht vor, dass kein Vormundschaftsgericht eingeschaltet werden muss, wenn Ärzte und Vorsorgebevollmächtigte sich einig sind, bestimmte medizinische Maßnahmen zu beenden.

Dem Tod den Schrecken nehmen

Zu verstehen, dass auch das eigene Leben irgendwann zu Ende geht, ist kein leichtes Unterfangen. Vielen Menschen helfen spirituelle oder philosophische Ansätze, mit dieser Tatsache zu leben. So mag die Aussicht auf einen himmlischen Zustand nach dem Tod, auf eine Wiedergeburt oder die Vorstellung von einem energetischen Zustand, in den wir übergehen, für den einen oder anderen sehr tröstlich sein. Wenn der Tod eines geliebten Menschen Ihnen die eigene Endlichkeit überdeutlich vor Augen führt, ist es vielleicht an der Zeit, sich ganz bewusst mit den Denkansätzen zu befassen, die verschiedene Religionen oder auch Philosophien hervorgebracht haben, und zu überlegen, welche dieser Vorstellungen Ihnen persönlich den Gedanken an den Tod leichter machen.

Reden Sie mit anderen Menschen über den Tod. Der Austausch von Ansichten hilft bei der Bewältigung eigener Ängste und ermöglicht neue Gedanken. Die Auseinandersetzung mit dem eigenen Tod bringt uns fast zwangsläufig zu der Frage, was wir aus unserem Leben machen wollen. Was auch immer wir annehmen, das nach unserem Tod geschehen wird, für diesen Augenblick geht es uns einzig darum zu leben. Keiner weiß wirklich, was auf unsere irdische Existenz folgt. Dass wir hier auf dieser Erde sind, stellt uns vor die Aufgabe, aus unserem Leben etwas zu machen. Wenn wir uns mit dem eigenen Lebensende beschäftigen, können wir vieles daraus für uns lernen.

„Der Tod kann uns lehren, das Leben zu lieben.
Der Tod lässt uns die Bedeutung unserer Lebenszeit klar werden.
Der Gedanke an unseren Tod kann uns heute bewusst
und intensiv leben lassen.
Der Tod lässt das deutlicher werden, was wirklich wichtig ist.
Der Tod macht klar, dass nichts selbstverständlich ist."

(Verfasser unbekannt)

Wer sich bewusst macht, dass sein Leben irgendwann zu Ende geht, kann daraus die Motivation und die Kraft schöpfen, etwas aus seiner Lebenszeit zu machen.

Der Tod hat viele Gesichter

Egal, ob Vater oder Mutter, der langjährige Lebenspartner, ein guter Freund oder das eigene Kind sterben: Die Trauer schmerzt, besetzt das Leben und ist dennoch unverzichtbar, „gewollt", um begreifen zu lernen, wie ungeheuerlich der Verlust das eigene Leben verändert, bedroht, zu zerbrechen vermag. So vielfältig die Trauer auch ist, sie ist Bestandteil unseres Lebens und muss durchlebt werden.

*„Die menschenblassen Rosen legte ich
auf deine kalten Hände
und strich dein Haar zurück,
und pflegte dich
ob ich dein jubelnd Leben wiederfinde."*

(Detlev von Liliencron)

Das Ende der Kindheit – plötzlich elternlos

Der Tod von Vater und Mutter gehört zwar zum natürlichen Lauf der Dinge, doch zur Waise zu werden, ist für die meisten Betroffenen – gleich welchen Alters – ein großer Einschnitt im Leben. Überraschenderweise unterschätzen viele die Auswirkungen dieses Verlustes. Vielleicht sind Sie selbst schon erwachsen und haben eigene Kinder. Sie gehen dann davon aus, dass Sie aufgrund Ihres Alters auf einen solchen Verlust vorbereitet sind und damit umgehen können. Der Tod der Eltern gilt als trauriges, aber nicht sonderlich belastendes Ereignis.

Doch Sie täuschen sich. Zwischen Erwartungen und Wirklichkeit tut sich meist eine tiefe Kluft auf. Wie sagte es Gottfried Benn in seinem Gedicht „Mutter"? „Ich trage dich wie eine Wunde auf meiner Stirn, die sich nicht schließt." Der Verlust der Verbindung zum eigenen Ursprung zählt zu den Erfahrungen, die unser Leben am nachhaltigsten erschüttern und Anstoß zu vielfältigen Veränderungen sein können. Eine Tatsache, der in unserer Gesellschaft kaum Rechnung getragen wird. Stirbt ein alter Elternteil, ist der akzeptierte Zeitrahmen für die Trauer der Kinder knapp bemessen. Zumindest von erwachsenen Söhnen und Töchtern erwartet die Umgebung, dass die Trauer schnell „über die Bühne geht". Denn man musste doch damit rechnen, da Vater oder Mutter ihr „Leben gelebt" hatten. Trauernde haben es immer noch schwer in unserer Gesellschaft, die die Trauer verpönt und zu reglementieren versucht. Zwar hat die Hospizbewegung dazu beigetragen, dass ein neues Bewusstsein entstanden ist; aber was den Tod alter Eltern anbelangt, sind die Erwartungen über Gewicht und Tiefe der Trauer nach wie vor unrealistisch.

Schon wenige Wochen nach dem Tod meiner Mutter musste ich mir den Satz anhören: „Sei froh, sie hat nicht gelitten. Wer weiß, was noch alles auf sie zugekommen wäre." Froh sein? Weder innerhalb der Familie noch im Bekanntenkreis kam irgendjemand auf die Idee, dass mein Leben komplett auf den Kopf gestellt worden war, nachdem meine Eltern kurz nacheinander gestorben waren. Meine Trauer wurde totgeschwiegen. Es hatte sie nicht zu geben. Jedenfalls sollte sie nicht zu lange andauern.

Auch wenn Söhne und Töchter wissen, dass der Tod für ihre Mütter und Väter eine „Erlösung" von starken Schmerzen war, trauern sie. Sie trauern vor allem um das Leben mit ihren Eltern. Sie trauern um das, was nicht mehr möglich ist: ein Gespräch, ein Besuch, ein Ausflug, vielleicht auch ein elterlicher Rat. Sie trauern um ihr „Kind-Sein", das mit dem Verlust unwiederbringlich zu Ende gegangen ist. Mit dem Tod der Eltern stirbt auch die Vergangenheit, geht ein Teil des eigenen Lebens zu Ende.

Die Menschen, die im Leben vielleicht als Einzige alles für Sohn oder Tochter getan haben, sind nicht mehr da, und der fehlende Rückhalt schmerzt lebenslang. Viele Betroffene empfinden es so. Wer seine Eltern bereits als Kind verliert, empfindet zunächst den Verlust der gewohnten Grundsicherheit und das Gefühl des Geborgenseins. Verliert man dagegen seine Eltern als Erwachsener, empfindet man eher den Verlust des wohlmeinenden Rats – auch wenn man nicht immer auf ihn gehört hat.

Zeitreise zum eigenen Ursprung

Nach dem Tod der Eltern beginnt für viele eine Zeitreise der besonderen Art. Die eigene Kindheit wird mit allem Schönen und Schrecklichen wiederbelebt. Man sitzt da und schaut sich Fotos von früher an, entdeckt sich selbst ein Stück weit wieder. Die damit verbundenen Gefühle können heftig und vielschichtig sein. Traurigkeit, Angst, Ohnmacht, Verzweiflung, Schuldgefühle, Hass, Erleichterung, Sehnsucht und Liebe können Tochter oder Sohn nach dem Tod eines Elternteils ergreifen und sie in ein kaum erträgliches Gefühlschaos stürzen. Ein Gefühlschaos, das sie nach außen hin verstecken müssen, weil Arbeitgeber, die eigenen Kinder, aber auch Freunde und Bekannte erwarten, dass man als Erwachsener schnell wieder funktioniert.

Doch es gehört zur Trauer, dass die Söhne und Töchter sich zurückziehen, um mit ihren Gefühlen zurechtzukommen. Sie brauchen Zeit, manchmal viel Zeit, um sich immer wieder erinnern zu können, ihre Gefühle auszuhalten und vielleicht auch verstehen zu lernen und so innerlich akzeptieren zu können, dass der Vater, die Mutter nie mehr wiederkommen werden, dass die Menschen, die ihr Leben am stärksten geprägt haben, für immer fort sind. Sie brauchen Zeit, sich ihrer selbst neu zu vergewissern, um zu spüren, dass sie aus dem Chaos ihrer Empfindungen zu neuer innerer Sicherheit finden können.

Der Trauerweg nimmt viel Zeit in Anspruch. Noch lange nach dem Tod der Eltern sind Töchter und Söhne gedanklich und gefühlsmäßig mit ihnen beschäftigt. Muss die elterliche Wohnung aufgelöst werden, stößt man womöglich auf Dinge, von denen man überhaupt nichts gewusst hat und die das Bild der Eltern in Frage stellen. Vielleicht findet man seine Kinderzeichnungen, die, liebevoll verpackt, in einer Schublade aufbewahrt wurden. Oder Briefe, die man den Eltern geschrieben hat. Was will man aufbewahren, was nicht? Töchter und Söhne stehen vor der Frage, welche Erinnerungsstücke ihnen wichtig sind.

Viele haben Schwierigkeiten, sich von Gegenständen zu trennen, die den Eltern gehörten und die man jahraus, jahrein gesehen hat, wenn man zu Besuch war. Manchmal kommt es unter Geschwistern auch zu Streitigkeiten um den Nachlass. Denn Geschwister können ganz unterschiedlich auf den Verlust reagieren. „Sie ist tot. Ich kann nicht begreifen, was geschehen ist. Ich werde meine Mutter nie wiedersehen, versuche ich mir bewusst zu machen. Ich kann keinen klaren Gedanken fassen. Ich fühle nichts, keine Träne will fließen, dabei habe ich sie doch geliebt. Wie gelähmt sitze ich am Tisch. Mir gegenüber läuft meine Schwester auf und ab. Sie stampft mit dem Fuß gegen die Wand, schüttelt den Kopf, schreit: ‚Warum musste sie schon so früh sterben?‘ "

Die Auseinandersetzung mit dem Tod eines Elternteils kann sehr unterschiedliche Formen haben. Manchen ist sie nicht anzumerken, weil sie nicht darüber reden, andere sprechen pausenlos von Mutter oder Vater, berichten permanent von Erlebnissen aus der Vergangenheit. Wieder andere nehmen eine Tätigkeit auf, die sie mit den Eltern verbindet, oder tragen eine gewisse Zeit lang einen Gegenstand bei sich, der dem Vater oder der Mutter gehörte. Manchmal übernehmen Söhne und Töchter sogar Eigenarten oder Ziele ihrer Eltern, die sie zuvor rigoros abgelehnt oder abgetan haben.

Ich kann mich noch sehr gut an den letzten Besuch meiner Mutter bei uns erinnern. Sie ärgerte sich wieder einmal darüber, dass unser Gartenschuppen so unaufgeräumt war und sie nicht fand, was sie suchte. Mein Mann und ich waren nicht so ordentlich, wie meine Eltern es sich gewünscht hätten. Also haben wir meine Mutter vertröstet: „Wir machen das schon irgendwann!" Aber uns war das nicht so wichtig, denn wir fanden ja alles. Einen Monat nach Mutters Tod begann ich meinem Mann damit auf die Nerven zu gehen, endlich den Schuppen aufzuräumen. Zwei Stunden waren wir beschäftigt, bis ich glaubte, meine Mutter sei zufrieden. Inzwischen stelle ich fest, dass ich sehr viel vom „Ordnungstick" meiner Eltern geerbt habe. Jetzt, wo sie mich nicht mehr auf meine Unordnung hinweisen können, ermahne ich mich selbst zur Ordnung.

Unbeschützt und ohne Rückhalt

Das Elternhaus ist und bleibt ein ganz besonderer Ort. Wenn die Eltern dort bis zu ihrem Ende gewohnt haben, wo man selbst aufgewachsen ist, geht dieser einzigartige Ort mit ihrem Tod meist verloren, der Platz, der oft auch eine Art Familienzentrale war, an dem sich Kinder und Enkel mit den Eltern zu Festen und Feiern zusammenfanden, wo sich Geschwister, Schwager und Schwägerinnen selbstverständlich trafen, auch wenn ihre Beziehungen sonst womöglich angespannt waren. Das Gefühl der Leere, der totalen Einsamkeit und des Nicht-Beschützt-Seins nach dem Tod der Eltern hängt damit zusammen, dass Sohn oder Tochter unbewusst fürchten, nicht nur die realen Eltern verloren zu haben, sondern auch ihr inneres Gleichgewicht, die verinnerlichte Sicherheit, die ursprünglich so eng mit den Eltern zusammenhing.

Von einer völligen Leere, einem tiefen Loch sprechen Söhne und Töchter, wenn beide Eltern gestorben sind. In ihrem Buch „Wenn die alten Eltern sterben" lässt Barbara Dobrick einen Sohn seine Trauer beschreiben: „Meine Mutter war die letzte in meiner Familie, Vater und Großmutter waren tot, und plötzlich hatte ich das Gefühl, es ist keiner mehr hinter mir, keiner, der mir Rückendeckung gibt, keiner, auf den ich mich berufen kann oder zu dem so ein Zugehörigkeitsgefühl besteht. Ich lebte plötzlich in dem Bewusstsein, ich bin jetzt allein in der Welt, ich habe keinen Schutzschild mehr im Rücken. Das hat mich sehr beschäftigt damals. Ich weiß nicht, ob es eine Lebenskrise war, aber es hat mich betroffen, auch eine Weile arbeitsunfähig gemacht. Ich habe nur noch das getan, was ich unbedingt musste. Ich war in meinem gesamten Verständnis von mir sehr geschwächt."

Es waren die Eltern, die Sie in Ihrer Kindheit umsorgt haben und immer für Sie da waren. Auch wenn Ihre Eltern sich nicht mehr wie in Kindertagen um Sie gekümmert haben, wussten Sie doch tief im Innern, dass sie für Sie da sind. Auch wenn die Beziehung angespannt war, konnten Sie sicher sein, zu Hause aufgenommen zu werden, wann immer Sie das Bedürfnis dazu verspürten. Das ist – zumindest wenn beide Eltern gestorben sind – schlagartig vorbei.

Für viele ist der Tod der Eltern deshalb nur schwer auszuhalten: „Jetzt bin ich keiner Eltern Kind mehr. Niemand mehr, der mich als Mutter in den Arm nimmt, mit mir die Rituale des Alltags teilen kann, die ich aus Kindertagen kenne. Niemand, der mich einfach anruft, um mich vorbehaltlos zu fragen, wie es mir geht." Diese elterliche Fürsorge fällt weg. Jene Fürsorge, die Ihnen entgegengebracht wurde, egal, ob Sie ein liebes oder böses Kind waren.

> „Ich lebte plötzlich in dem Bewusstsein, ich bin jetzt allein in der Welt."

Stirbt ein Elternteil, und der andere bleibt vorerst „Familienzentrale", ist dieses heftige Gefühl der totalen Einsamkeit nicht so ausgeprägt. Dann ist ja Mutter oder Vater noch da, der Anlaufpunkt, der – auch wenn man es sich als Erwachsener nicht bewusst macht – eine zentrale Rolle für das Sicherheitsgefühl spielt. Nach dem Tod des zweiten Elternteils kann es bei manchen Menschen – insbesondere bei Einzelkindern – dazu kommen, dass sie sich einerseits verloren, andererseits aber auch befreit fühlen. Verloren deshalb, weil sie jetzt echte Waisen sind. Befreit, weil sie zum ersten Mal all ihre Entscheidungen unabhängig vom Urteil der Eltern treffen können. Viele Erwachsene berichten, dass sie erst nach dem Tod der Eltern zu schätzen lernten, was diese für sie getan und ihnen bedeutet haben.

© Stephan N – Pixelio

Ratgeber und Anlaufpunkt bei Schwierigkeiten: Der Verlust des Vaters hinterlässt eine Lücke, die nicht zu schließen ist.

Den eigenen Tod vor Augen

Zur Hinterlassenschaft der Eltern gehört ihre Position in der Generationenfolge. Ihr Sterben erlebt zu haben führt die Endlichkeit des eigenen Lebens deutlich vor Augen. Nach den Großeltern und Eltern sind nun Sohn und Tochter die Ältesten. Das macht Angst. Viele Betroffene empfinden in der ersten Phase des Trauerns einen Schmerz auf der Brust, ein Gefühl, nicht mehr atmen zu können. War die Beziehung zu den Eltern intensiv, taucht die Angst, mit ins Grab gezogen zu werden, besonders häufig auf. „Ich denke, dass ich nicht so viel von meinem Vater träumen sollte, weil er mich sonst holt", schrieb Hermann Broch. Viele verwaiste Söhne und Töchter träumen in den ersten Wochen nach dem Tod eines Elternteils regelmäßig vom Verstorbenen, und diese Träume sind nicht selten angstbesetzt.

Starke Trauergefühle sind an Feiertagen nicht selten. Das erste Weihnachtsfest, dieses so sehr an die Kindheit erinnernde Datum, ohne Vater und Mutter ist nur schwer zu ertragen. Geburts- und Sterbetage der Eltern werden nicht vergessen, auch wenn sie sich schon mehrmals gejährt haben. Wie lange Söhne und Töchter trauern und wie sie trauern, hängt davon ab, wie ihre Beziehung zu den Eltern war: Je größer die ungelösten Konflikte, umso schwerer die Trauerarbeit, umso größer die Gefahr, gar nicht richtig trauern zu können und deshalb chronisch traurig zu werden. Man sollte die Auswirkungen des Elternverlustes nicht zu gering einschätzen. Wie sehr Sie um Ihre Eltern trauern, hängt von vielen Faktoren ab, u.a. von Ihrem Alter, Ihrem Geschlecht und dem des jeweiligen Elternteils, der Intimität der Beziehung und der Anzahl der Geschwister.

Verliert beispielsweise ein Mädchen in jungen Jahren seine Mutter und ist es die Älteste von mehreren Geschwistern, wird es nicht nur ohne den Rat und das Vorbild der Mutter aufwachsen müssen, sondern auch immer wieder bei dem Versuch, den jüngeren Geschwistern die

Mutter zu ersetzen, vor Problemen stehen. Der Tod der Eltern kann sich auf die familieninternen Beziehungen auswirken. Eine Familie, die immer eng zusammengehalten hat, rückt jetzt noch enger zusammen. In anderen Familien kann der Tod eines Elternteils oder beider Elternteile alte Konflikte wieder beleben, manchmal zwischen den Kindern und dem überlebenden Elternteil, häufiger aber zwischen den Geschwistern. Waren der oder die Verstorbene Friedensstifter innerhalb der Familie, kommt es nicht selten vor, dass der Familienverband mit dem Tod auseinanderbricht.

Dem überlebenden Elternteil helfen

Stirbt ein Elternteil, gilt es nicht nur, den eigenen Verlust zu betrauern. Unter Umständen sind Sie als Sohn oder Tochter aufgerufen, dem überlebenden Elternteil zu helfen, mit der Trauer über den Verlust des Partners fertig zu werden. Dazu kann gehören, dass Sie sich mit um den Nachlass und um die Regelung finanzieller Angelegenheiten kümmern oder Sorge dafür tragen müssen, dass eine passende, kleinere Wohnung gefunden wird. In einigen Fällen müssen Sie vielleicht sogar die Pflege des verbleibenden Elternteils übernehmen, insbesondere wenn der Betreffende bereits in höherem Alter und schwach oder gebrechlich ist. Es kann sein, dass der überlebende Elternteil aus praktischen Gründen bei Ihnen einzieht oder Sie eine erschwingliche und vertrauenswürdige Unterbringung finden, in der professionelle Pflege gewährleistet ist.

Stirbt Vater oder Mutter, ergibt sich unter Umständen die Notwendigkeit, dass die erwachsenen Kinder die Zügel in die Hand nehmen. Ein Rollentausch findet statt. So, wie Ihre Eltern Ihnen früher Schutz und Geborgenheit gegeben haben, sind Sie nun aufgefordert, für den überlebenden Elternteil dasselbe zu tun. Vater oder Mutter sind nicht in der Verfassung, die Führung zu übernehmen, und brauchen jetzt jede erdenkliche Hilfe. Das ist besonders bei Menschen der Fall, die sehr viele Jahre ihres Lebens zusammen verbracht haben.

So war es auch bei meinen Eltern. Als mein Vater starb, hatten sie gerade ihren fünfzigsten Hochzeitstag hinter sich. Feiern konnten sie den schon nicht mehr, weil mein Vater bereits einen ersten Herzstillstand erlitten hatte und sich in der Reha befand. Ich weiß noch, wie wir ihn an diesem Tag besuchten. Er war so stolz, wieder laufen zu können. Nach seinem Tod sechs Monate später war meine Mutter völlig orientierungslos. Nichts konnte sie allein bewerkstelligen. Sie hatte sogar Angst, zum Arzt zu gehen. Alles musste ich für sie erledigen. Sogar der Einkauf machte ihr Angst. Meinem Mann und mir war schnell klar, dass sie nicht allein würde leben können. Wir waren noch in der Planungsphase, als ihr Herz aufhörte zu schlagen.

In einer solchen Situation tut man gut daran, den verbleibenden Elternteil in seiner Trauer um den Verlust des Partners zu unterstützen. Unterstützung bedeutet dabei oft mehr, als in engem Kontakt zu bleiben. Ein offenes Ohr ist gefragt. Am wichtigsten ist jedoch, den Trauerprozess des hinterbliebenen Elternteils so aufmerksam wie möglich mitzuverfolgen und gleichzeitig die eigene Trauer wahrzunehmen. Da beide Seiten einen schweren Verlust beklagen, sollten auch beide in der Lage sein, ihre Gefühle und Erinnerungen relativ frei auszudrücken.

Verlassen Sie sich auf Ihr Gefühl und üben Sie keinen Druck aus. Ich selbst habe die Erfahrung gemacht, dass ich zu früh über einen Umzug sprach. Das hat meine Mutter überfordert. Sie wollte in der viel zu großen Wohnung bleiben, weil sie dort alles an meinen Vater erinnerte und sie sich in den ersten Wochen nach dessen Tod gar nicht vorstellen konnte, eine gravierende Änderung vorzunehmen.

„Deine schützenden Hände sind fort,
deine lieben Worte sind gegangen,
weggerissen hat sie der Tod.
Nie wieder wirst du anrufen
und fragen, wie es mir geht,
nie wieder werde ich diese Ur-Geborgenheit spüren.
Die Leere bleibt für immer."

(Verfasser unbekannt)

Wenn die Tochter ihre Mutter verliert ...

Die Beziehung zur Mutter zählt zu den prägenden, intensivsten und längsten Beziehungen im Leben einer Frau (Söhne nabeln sich meist sehr viel früher ab). Fast alle Töchter sind davon überzeugt, dass Mütter, vor allem die eigene, ewig leben. Umso schwerer trifft sie der Pflege- oder Todesfall. Die eigene Mutter leiden bzw. sterben zu sehen ist einer der größten Einschnitte im Leben. Töchter – egal, welchen Alters – erleben diesen Tod nicht nur als großen Verlust, sondern werden darüber hinaus mit verwirrenden Gefühlen konfrontiert, mit denen sie zuvor nicht gerechnet hatten.

Die Beziehung zur Mutter zählt zu den prägenden, intensivsten Beziehungen im Leben einer Frau.

Selbst wenn das Verhältnis zwischen Mutter und Tochter nicht sehr gut gewesen ist, berührt der Tod der Mutter tief. Kaum eine Beziehung im menschlichen Miteinander ist so eng wie die zwischen Mutter und Tochter. Und kaum eine so schwierig. Mutter und Tochter können einander bedrängen, umklammern und verletzen wie kaum zwei andere Menschen.

Vielen Müttern fällt es schwer, den Töchtern ein eigenes Leben zuzugestehen. Umgekehrt ist es für eine Tochter nicht leicht, sich aus dem Klammergriff der Mutter zu befreien. So unterschiedlich die Beziehungen auch waren, gemeinsam ist allen, dass sie die Beziehung zur Mutter als ausgesprochen zwiespältig erlebt haben. Selbst Töchter, die ihre Mutter innig liebten, waren ab und zu wütend auf sie, haben Verletzungen erfahren. Und Frauen, die sich von ihren Müttern innerlich und äußerlich distanziert, ihre Sehnsüchte nach einer schönen Mutter-Tochter-Beziehung längst begraben haben, reagieren mit Trauer auf deren Tod. So erging es auch der französischen Schriftstellerin Simone de Beauvoir. In ihrem Buch „Der sanfte Tod" schreibt sie:

„Ich verstand nicht, dass man allen Ernstes um einen Angehörigen, einen alten Verwandten weinen kann, der über siebzig Jahre alt ist. Wenn ich einer fünfzigjährigen Frau begegnete, die verzweifelt war, weil sie eben ihre Mutter verloren hatte, hielt ich sie für neurotisch: Wir sind alle sterblich; mit achtzig Jahren ist man wohl alt genug, einen Toten abzugeben ... Aber nein."

„Stark ist die Prägung, die eine Mutter in der Seele ihrer Tochter hinterlässt, intensiv die Verankerung ihrer Werte, Maßstäbe und Programme, auch oder gerade, wenn sich die Tochter dagegen auflehnt. Besonders für Mädchen ist die Mutter der Mensch, an dem sie sich ausrichten und schließlich versuchen muss, zwischen Zuwendung und Ablehnung, Anpassung, Revolte und Rivalität die eigene Identität als weiblicher Mensch in dieser Gesellschaft zu finden", so die Journalistin Ruth Eder nach unzähligen Gesprächen mit Frauen, die ihre Mutter verloren hatten.

Wenn Kinder Vater oder Mutter verlieren ...

Kleine Kinder haben keine Schatzkiste angefüllt mit Erinnerungen an die zu früh verstorbene Mutter oder den Vater. Sie können sich später nicht mehr an die Stimme des Vaters oder an den Duft der Mutter erinnern. Der Verlust eines Elternteils ist die tiefgreifendste Verlusterfahrung im Leben eines Kindes. Denn mit dem Sterben eines Elternteils geht eine der wichtigsten Bindungen des Kindes zu Ende. Es gibt niemanden, der den Verstorbenen ersetzen kann. Der Verlust – durch Trennung oder Tod – einer nahen Bezugsperson ist für Kinder der unerträglichste aller vorstellbaren Schicksalsschläge.

Nach außen reagieren sie auf Verluste häufig mit Aggressionen und Trennungsängsten, mit Vorwürfen an den verbleibenden Elternteil und mit Selbstvorwürfen. Sie führen keine langen Gespräche, und doch brauchen sie viel Raum und Zeit, ihre Trauer mit Hilfe kreativer Methoden zu verarbeiten. In den meisten Fällen sind Kinder ausgesprochen verletzlich. Wenn eine Bezugsperson fehlt, kann es passieren, dass sich das Kind an die verbleibende Person klammert und sich aus Angst, plötzlich ganz allein dazustehen, über die Maßen um deren Gesundheit sorgt.

Bei Kindern sind Angst, Scham und Schuld wichtige Stationen des Trauerprozesses, die sich im sozialen Verhalten ausdrücken. Ein Kind zeigt immer sehr genau, wo es innerlich steht. Es wartet auf den Erwachsenen, der mit ihm geht (mehr darüber, wie Kinder trauern, ab Seite 151). Kinder und Jugendliche sind andererseits jedoch viel widerstandsfähiger und stärker, als Eltern und Lehrer oftmals vermuten. Wird ihnen Unterstützung und vor allem Liebe zuteil, können sie lernen, mit der Trauer, dem Leid und dem Schmerz zu leben. Sie werden erkennen, dass diese Erfahrung ein Teil ihres Lebens ist.

Die Trauer, die man als Kind über den Verlust eines Elternteils empfindet, wird durch die Tatsache erschwert, dass Kinder diesen Verlust in den Prozess des Heranwachsens und Erwachsenwerdens integrieren müssen. Bei jeder Stufe, die ein Kind erreicht, fehlt der verlorene Elternteil. Häufig kommt bei Anlässen wie Konfirmation oder bestandene Prüfung die Trauer wieder hoch. Mädchen, die ihre Mutter in jungen Jahren verloren haben, empfinden den Verlust besonders intensiv, wenn sie heiraten oder ihr erstes Kind bekommen. Als

Erwachsene werden sie immer wieder von starken Verlust- und Trennungsängsten gequält.

> *„Geht es dir gut,*
> *werde ich gefragt im Vorübergehn.*
> *Doch gut, sage ich und zeige das passende Gesicht:*
> *mein gutgehendes Gesicht.*
> *Mein anderes Gesicht verberge ich liebevoll unter meiner Kleidung.*
> *Zu Hause ziehe ich mich aus.*
> *Dann darf ich Trauer tragen."*

(Verfasser unbekannt)

Die Liebe am Leben erhalten – wenn der Partner stirbt

Die Welt des Hinterbliebenen erscheint eingefroren, während das Leben um ihn herum befremdlich tobt. Den Tod des Partners bzw. der Partnerin erleben viele als „Mitsterben". Im übertragenen Sinn stirbt man als Trauernder ja auch ein Stück. Etwas in einem stirbt. Weil das Leben, wie es mit dem Verstorbenen war, so nicht weitergeht. Wer das akzeptiert, kann irgendwann ein neues Leben anfangen, ein Leben ohne den anderen. War die Ehe oder Partnerschaft nicht befriedigend, wird der Verlust meist schneller verarbeitet. Dennoch ist die Trauer um den Partner ein langer und mühsamer Prozess. Psychologen sprechen davon, dass dieser Weg im Durchschnitt zwei bis drei Jahre währt.

Wieder ins Leben zurückzufinden heißt, nicht nur den Verlust zu bewältigen, sondern auch eine neue Rolle, eine neue Identität zu finden und anzunehmen. Der Trauerprozess wird von verschiedenen

Faktoren beeinflusst: durch die Art und Weise des Todes, die Tiefe der Beziehung, das Verhältnis zum Verstorbenen. Unsicherheiten in der finanziellen Versorgung können darüber hinaus zu einer Belastung werden und eine Veränderung der Lebensgestaltung erfordern. Vor allem junge Hinterbliebene mit Kindern befinden sich – kam der Tod des Partners unerwartet – von heute auf morgen in einer schier aussichtslosen wirtschaftlichen Situation.

Keinen Boden unter den Füßen

Wenn Sie Ihren „Fels in der Brandung", den Lebenspartner, verloren haben, werden Sie mit dem Gefühl konfrontiert, Ihnen wird der Boden unter den Füßen weggezogen. Die ersten Tage oder Wochen stehen Betroffene wie unter Schock, sie verhalten sich wie ein Roboter – automatisch, gesteuert. Später können sich die wenigsten an diese Zeit erinnern. Die Phase der Betäubung und des Schocks ist normal – ein Schutzmantel der Natur oder der Umstand, dass jeder Hinterbliebene das von der Gesellschaft akzeptierte Verhalten nachahmt.

Die meisten Menschen gehen davon aus, dass mit dem Begräbnis und einer kurzen Trauerzeit das Schlimmste überstanden sei. Sobald sich aber Freunde und Familienangehörige zurückgezogen haben, wird dem Hinterbliebenen die Wirklichkeit umso schmerzlicher bewusst, weil sich nun „der Verstand mit dem Körper kurzschließt". Gefühle dringen jetzt stürmisch an die Oberfläche, die oftmals genauso schwer zu verkraften sind wie der Verlust. Ganz besonders diejenigen, die bis dahin eine stoische Fassade aufrechterhalten haben, sind vom Ansturm der Emotionen überwältigt. Jetzt brauchen die Hinterbliebenen unbedingt Hilfe.

Wirkliche Freunde sagen nicht „Ruf mich an, wenn ich etwas für dich tun kann", sondern lassen Sie ganz genau wissen, was sie für Sie tun können, und werden sich regelmäßig vergewissern, ob sie gebraucht werden. Irgendwann werden Sie Ihr Leben selbst wieder in die Hand nehmen können und neu gestalten. Aber ganz am Anfang des Trauerweges sollten Sie Ihren Kummer mit Menschen teilen, die Ihnen am besten helfen können.

Familienstand: Witwe oder Witwer

Häufig hat man mit dem vertrauten Partner viele Jahre verbracht, den Alltag geteilt, die Freizeit zusammen gestaltet, gemeinsam Freundschaften gepflegt. Der Partner ist Teil der eigenen Identität; er sicherte Stabilität und bot Geborgenheit. Die Paarbeziehung vereint Aspekte, die sonst eher getrennt sind: sowohl Zuneigung, Intimität und soziale Gemeinsamkeit, wie man sie auch in Freundschaften findet, als auch Dauerhaftigkeit und Verlässlichkeit, wie sie eher Verwandtschaftsbeziehungen kennzeichnen. Für die Betroffenen kann der Tod des Partners einen Bruch in all diesen Bereichen bedeuten.

Auf einmal ist er ganz auf sich selbst zurückgeworfen. Manchen fehlt der vertraute Begleiter besonders schmerzlich auf allen Wegen, bei anderen ist es vor allem das verständnisvolle Gegenüber, mit dem man alles bereden und besprechen konnte. Niemand ist da, wenn man nach Hause kommt, man kann nicht erzählen, worüber man sich geärgert oder gefreut hat, es gibt keine gemütlichen Abendessen mehr …

Der Verlust eines solchen Zusammenhalts wiegt umso schwerer, weil die Umwelt von den Trauernden erwartet, dass sie schnell in den Alltag zurückkehren. „Es macht die Leute wahnsinnig, dass man nichts reparieren kann. Man kann nicht sagen: Mach das und das, dann wirst du dich besser fühlen. Nein! Da funktioniert gar nichts mehr. Es bleibt nur eins: Es einfach auszuhalten. Und das haben wir nicht so gern, weil wir uns angewöhnt haben, dass es für alles eine Lösung gibt und eine psychotherapeutische Anweisung. Aber auszuhalten, dass man

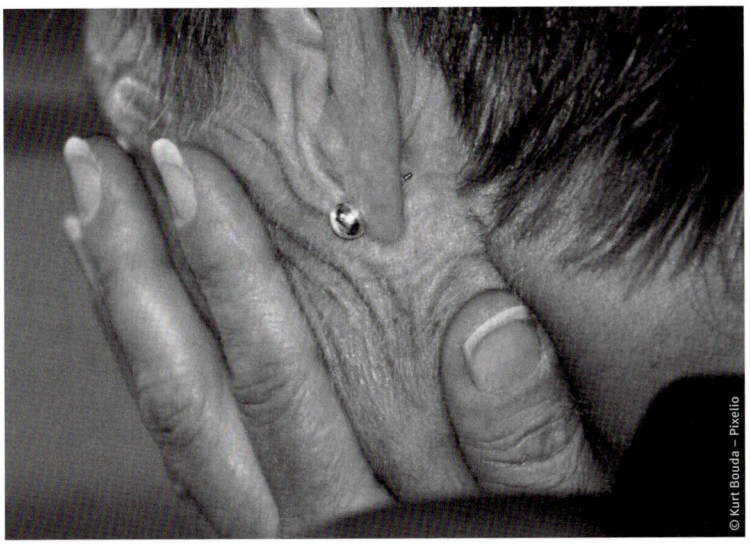

Die trauernde Witwe ist auf einmal ganz auf sich selbst gestellt.

dem Trauernden nicht in seiner Trauer helfen, sondern nur begleitend dabei sein kann, das ist schwer für viele. Das ist das Schlimmste, auch für den Trauernden: dass er stillhalten muss. Die Trauer kann man nur über sich ergehen lassen, man kann sie nicht dazu bringen wegzugehen. Man muss stillhalten. Aber unsere ganze Kultur ist darauf gerichtet zu rennen", so die Erfahrungen der Regisseurin Doris Dörrie, die vor Jahren ihren Mann verlor und in einem Interview offen darüber sprach.

Ob Jung oder Alt, die Empfindungen sind ähnlich, wie Genevieve D. Ginsburg treffend feststellt: „Obwohl junge wie auch ältere Witwen mit einigen ganz spezifischen Problemen konfrontiert werden, empfinden sie anfänglich den gleichen Schmerz und die gleiche Trauer. Eine achtzigjährige Frau, deren Mann im Schlaf gestorben ist, und eine junge Frau, deren Mann durch einen Verkehrsunfall ums Leben kam, sind erstaunt darüber, dass sie das Gleiche oder zumindest Ähnliches durchleben. ‚Sie haben so viele Jahre zusammen gehabt‘, hört die eine, ‚Sie können noch einmal von vorn anfangen‘, die andere. Trotzdem sind beide gleichermaßen verletzt, zornig und verwirrt. Es wäre nachlässig, an dieser Stelle nicht zu erwähnen, dass Männer sich in dieser Beziehung in nichts von Frauen unterscheiden und ihr Schmerz ebenso tief ist."

Übermächtige Schuldgefühle

Wenn wir einen lieben Menschen verlieren, dann ist es zunächst ganz normal, dass wir um die verlorenen Chancen trauern. Uns fällt alles ein, was wir nicht mehr für ihn tun, nicht mehr zu ihm sagen können. Es tut uns leid, ihm nicht mitteilen zu können, wie wichtig er für uns war und wie gern wir mit ihm zusammengelebt haben. Vielleicht würden wir uns auch gern dafür entschuldigen, mit ihm gestritten zu haben. Bedauern gehört zur Trauerbewältigung. Doch manchmal gehen Betroffene darüber hinaus und entwickeln starke Schuldgefühle. Sie werfen sich vor, etwas falsch gemacht oder versäumt zu haben, und verurteilen sich dafür. Das Tragische an diesen Vorwürfen ist, dass nichts mehr wiedergutzumachen ist, da der Partner tot ist.

Stirbt dieser allein, obwohl man ihm versprochen hatte, an seiner Seite zu bleiben, ist es wichtig, sich in Erinnerung zu rufen, dass man nicht Herr über Leben und Tod ist. Vielleicht hat Ihr Partner sogar diesen Zeitpunkt zum Sterben gewählt, weil er Ihren Schmerz nicht ertragen konnte? Schuldgefühle sind ein wichtiges Merkmal zu Beginn der Trauerarbeit. Vielleicht fühlen Sie sich auch schuldig, weil Sie leben, Ihr Mann oder Ihre Frau aber gestorben ist?

Lenken Sie Ihren Blick auf das, was Sie Ihrem Partner zeitlebens gegeben haben: Im Zusammenleben haben Sie wahrscheinlich tausende Male etwas für ihn getan und zu ihm gesagt. Ihre Liebe zu ihm hat sich nicht nur in einem einzigen Verhalten gezeigt. Rufen Sie sich das in Erinnerung. Selbst wenn Sie weiterhin meinen, in der wichtigsten Situation versagt zu haben, gibt es noch viele andere Begebenheiten, in denen Sie das Leben Ihres Partners bereichert haben. Vergessen Sie das nicht.

Gähnende Leere

Manche Menschen lassen das Radio laufen, weil sie die Stille im Haus oder in der Wohnung nicht ertragen; andere unterhalten sich mit ihrem Goldfisch, wieder andere kochen wie verrückt, um das Essen dann zu verschenken. Oder sie basteln für die Enkel. Hinterbliebene versuchen auf unterschiedliche Weise mit der Leere umzugehen. Immer wieder fühlen sie die Gegenwart des Verstorbenen oder riechen das Parfum bzw. das Rasierwasser. Viele tun sich bei anstehenden Entscheidungen schwer, haben sie zuvor doch alle wichtigen Dinge mit dem Partner abgesprochen.

Erst langsam wird der Alltag wieder gestaltet, werden erste Schritte in die Welt da draußen gemacht. Als therapeutischen Teil der Trauerarbeit empfinden viele das Sichten der Kleidung und der persönlichen Gegenstände des Verstorbenen. Eine Art zweites Abschiednehmen.

Die Reaktionen sind so individuell wie das Trauern: Während der oder die eine plötzlich nur noch in der verschlissenen Trainingshose des verstorbenen Partners herumläuft und die einst gehasste Käsesorte mit wahrer Begeisterung isst, sind andere nicht einmal in der Lage, einen Blick in die Schränke zu werfen. Wieder andere empfinden es als tröstlich, die Kleidung des Verstorbenen an Leute zu geben, die sie benötigen, oder Verwandte damit zu beschenken. Lassen Sie sich nicht von wohlgemeinten Ratschlägen anderer irritieren, sondern nehmen Sie Abschied auf Ihre Art. Räumen Sie auf und geben Sie weg, was Ihren Schmerz immer wieder entfacht. Sie müssen nicht alles aufbewahren.

Behalten Sie Dinge und Kleidungsstücke, die Ihnen besonders am Herzen liegen. Sie können diese auch erst einmal weglegen, wenn Ihr Schmerz beim Anblick der Sachen zu groß ist. Holen Sie später, wenn es Ihnen besser geht, die Teile wieder hervor. Haben Sie erwachsene Kinder, möchten diese sicher auch gern Erinnerungsstücke des verstorbenen Elternteils aufbewahren.

Ich selbst trage noch heute die Lieblingsflanellhemden meines Vaters, seine alten Strickjacken oder Jacketts. Meist in Momenten, in denen ich mich besonders schwach fühle.

Berufstätige sind zumindest tagsüber abgelenkt. Abends und an den Wochenenden empfinden jedoch viele die gleiche gähnende Leere. Diese Tage müssen in irgendeiner Form gestaltet werden, damit Sie der Trostlosigkeit entrinnen. Lesen Sie in Büchern, wie es anderen Betroffenen in dieser Zeit ergangen ist, gehen Sie unter Menschen, oder besuchen Sie einen Yogakurs an der Volkshochschule, den Sie seit längerer Zeit schon belegen wollten, was aber nicht ging, weil Sie Ihren Partner pflegen mussten. Jetzt ist der richtige Zeitpunkt dafür. Tun Sie sich etwas Gutes, schenken Sie sich Blumen, verabreden Sie sich mit einer Freundin oder einem Freund zum Spaziergang oder zum Essen, schließen Sie sich einer Selbsthilfegruppe an.

Besonders belastet sind junge Hinterbliebene mit Kindern. Da sie Vater- und Mutterrolle ausfüllen müssen, bleibt ihnen kaum Zeit, zumal die finanzielle Situation es ihnen in der Regel nicht erlaubt, sich aus dem Arbeitsleben zurückzuziehen. Ganz im Gegenteil: Oft sehen sich junge Frauen und Männer mit Kindern vor die Frage gestellt, wie es finanziell weitergehen soll. Wer mit den Kindern allein dasteht und sich mit der Rente des Verstorbenen über Wasser zu halten versucht, kann sich keinen Luxus mehr leisten. Man erwartet gerade von jungen Menschen, dass sie flexibel sind und die Kraft haben, Probleme in viel kürzerer Zeit zu bewältigen als Ältere.

Doch diese Erwartungen können junge Witwen und Witwer nicht erfüllen. Meist stirbt der Partner völlig unvorbereitet – an alles hatte man gedacht, nur nicht an den Tod. Auch wenn in vielen Fällen Eltern und Schwiegereltern hilfreich zur Seite stehen, mit der eigenen und mit der Trauer der Kinder muss der Hinterbliebene allein zurechtkommen. Auch in diesem Fall ist es sinnvoll, sich einer Selbsthilfegruppe anzuschließen.

Plötzlich beziehungslos ...

Eine leider weit verbreitete Erfahrung ist, dass mit dem Verlust des Lebenspartners auch andere Beziehungen verlorengehen. Dabei handelt es sich meist um Bekanntschaften, gelegentlich aber auch um Freundschaften zu Paaren – was von den Hinterbliebenen als besonders enttäuschend erlebt wird. Nach dem Tod des Partners empfinden sie sich in Gesellschaft anderer oft als fünftes Rad am Wagen. Dieses Gefühl entmutigt sie, den Kontakt zu anderen Paaren aufrechtzuerhalten. Viele Hinterbliebene können sich zudem nur schwer vorstellen, etwas allein zu unternehmen, was sie vorher zusammen mit ihrem Partner zu tun pflegten.

Nichts macht den Hinterbliebenen so bewusst, dass sie ihren Partner verloren haben, wie das erste Mal, an dem sie allein ein Restaurant besuchen oder ins Kino gehen wollen. Diese Erfahrung verstärkt entweder das Gefühl des Alleinseins oder markiert den Beginn einer neuen Phase im Trauerprozess, in der Sie sich darauf vorbereiten, eine neue Identität außerhalb der alten Beziehung zu finden.

Die Erfahrung des Alleinlebens verstärkt das Gefühl der Einsamkeit oder markiert den Beginn einer neuen Phase.

Die Kommunikation mit anderen Menschen gelingt in der Trauer nicht immer. Ein Jahr nach dem Tod ihres Mannes notiert Joan Didion in „Das Jahr magischen Denkens": „Ich merke, dass ich die Fähigkeit verloren habe, normale

Sozialkontakte zu pflegen, die ich vor einem Jahr noch hatte, wie unterentwickelt sie auch gewesen sein mag ... Es fällt mir schwer, mit anderen zu reden. Bei solchen Gelegenheiten höre ich mir selbst zu, wie ich mich anstrenge und wie es misslingt. Ich merke, wie ich zu schnell vom Tisch aufstehe. Ich merke auch, dass ich nicht so widerstandsfähig bin wie vor einem Jahr."

Und Genevieve D. Ginsburg beschreibt treffend: „Witwen wünschten, ihre wohlmeinenden Freunde würden nicht sagen: ‚Lass uns wissen, wann es dir passt', nachdem sie die erste halbherzig ausgesprochene Einladung zum Abendessen abgelehnt haben. Es ist wahr, Witwen kann man kaum eine Freude machen; sie sind beleidigt, wenn sie nicht eingeladen werden, und wenn sie doch eingeladen werden, sagen sie meist ab. Jede Witwe versteht diesen Zwiespalt – warum verstehen ihn nur die Freunde nicht?"

Trauern braucht Zeit. Irgendwann werden Sie sicher mit Ihren – vielleicht neuen – Freunden wieder einen Abend verbringen können, bei dem auch gelacht wird. Das kann bereits nach einem Jahr sein; bis dahin können allerdings auch Jahre vergehen. Dazwischen gibt es schmerzhafte Rückfälle. Vielen Betroffenen hilft es in dieser schweren Zeit, in der die Kraft so zerbrechlich ist, ihrem verstorbenen Lebenspartner Briefe zu schreiben oder eine Art Tagebuch zu führen.

Die Regisseurin Doris Dörrie hatte ebenfalls ein „Rezept" gegen den überwältigenden Schmerz: „Walking-Meditation, Gehmeditation. Das ist so einfach wie nur irgendwas: einatmen – einen Schritt, ausatmen – einen Schritt. Durch das Atmen bringt man sich zurück in seinen Körper, weil man plötzlich wieder an einem Ort zu einer Zeit ist. Das Schreckliche an der Trauer ist ja, dass man sich am wenigsten gern im Hier und Jetzt aufhält, weil man da ohne den anderen ist; aber auch alles, was sich in der Vergangenheit abspielte, schmerzt entsetzlich; und die Zukunft ist voller Schmerzen, weil man sich ja immer eine Zukunft ohne den anderen vorstellen muss. Das bewusste Atmen verhindert solche Gedanken, man kann den Kopf einen Moment lang abschalten. Am Anfang ist das eine reine Schmerzbekämpfung."

Umdenken ist nötig

„Ich wünschte mir, dass unsere Gesellschaft wieder lernt, mit den Themen Tod und Trauer umzugehen. Dass wir nicht mehr tabuisieren, sondern bereit sind, zu lernen und offen mit unseren Mitmenschen zu kommunizieren. Dies gewinnt noch mehr an Bedeutung, wenn wir uns vor Augen halten, dass wir ein Vorbild für unsere Kinder sind, die von uns Erwachsenen lernen sollen, wie sie mit schweren Schicksalsschlägen im Leben umgehen und ihr Leben mit dieser Verlusterfahrung bewältigen können. Witwen und Witwer brauchen Verständnis und möchten nicht, dass ihre Traurigkeit kleingeredet wird, sondern, dass sie mit ihrem Schmerz und ihrem Verlust wahrgenommen werden. Wir haben es alle selbst in der Hand, Themen in unserer Gesellschaft aufzugreifen und zu entwickeln. Indem wir in unserem eigenen Umkreis mit der Veränderung anfangen, können wir ein langsames, aber beständiges Umdenken schaffen."

(Martina Münch-Nicolaidis, Nicolaidis Stiftung gemeinnützige GmbH)

Eine neue Liebe

Welche Gefühle und Gedanken haben Menschen, die jemanden für immer verloren haben und an der Schwelle zu einer neuen Partnerschaft stehen? Was ein Mensch denkt und empfindet, hängt davon ab, wo er im Trauerprozess steht. Wenn er sich nach dem Verlust seines Partners sofort in eine neue Partnerschaft stürzt, wird die Trauer noch sehr stark zutage treten. Ist er innerlich schon wieder offen für eine neue Partnerschaft, wird es dennoch ab und zu Wehmut und Sehnsucht nach dem verlorenen Partner geben. Es kommen häufig noch die Schuldgefühle hinzu, einen neuen Partner zu lieben.

Nach der Trauer um einen langjährigen Begleiter ist es nicht einfach, sich wieder vertrauensvoll auf eine Liebesbeziehung einzulassen. Sie haben am eigenen Leib erfahren müssen, dass eine solche Beziehung mit Risiken verbunden ist. Es gibt keine Garantie dafür, dass Sie nicht wieder einen solchen Schmerz erleiden müssen. Es bleibt Ihnen nichts anderes übrig, als der neuen Persönlichkeit zu vertrauen, zu der Sie sich entwickelt haben. Sie wissen, wie weh es getan hat, um Ihren verstorbenen Partner zu trauern – und am Ende hatten Sie dennoch den Wunsch, es noch einmal zu versuchen.

Wer sich nach einer Verlusterfahrung für eine neue Partnerschaft öffnet, sollte dem Gegenüber eine Chance geben und sich bemühen, seine Qualitäten zu entdecken, statt ihn immer nur mit dem Verstorbenen zu vergleichen. Dieser muss in irgendeiner Form in die Partnerschaft integriert werden. Der Betroffene sollte offen über seine Gefühle sprechen und auch Todestag und besondere Erinnerungstage in die neue Beziehung einbinden können. Es ist wichtig, dem Verstorbenen in seinem Innern einen Platz einzuräumen. Wer sich erneut für eine Beziehung öffnet, sollte sich erlauben, ab und zu traurig zu sein. Das stellt die neue Partnerschaft nicht infrage.

Nicht alle Hinterbliebenen wollen jedoch irgendwann eine neue Beziehung. Ältere genießen womöglich ihre Unabhängigkeit, vor allem, wenn sie viele soziale Kontakte pflegen. Genevieve D. Ginsburg schreibt aus Frauensicht dazu: „Jede Frau kann nur für sich selbst entscheiden, ob es das wert ist. ‚No vale la pena‘ (Es ist den Ärger nicht wert) lautet ein altes spanisches Sprichwort; es ist auch das Sprichwort vieler Witwen, die jeder neuen Beziehung aus dem Weg gehen."

Um neue Beziehungen zu knüpfen, braucht man Gelegenheiten. Und die können Sie selbst schaffen. Dazu eignen sich Interessen, Neigungen oder Hobbys in besonderer Weise, denen man außer Haus nachgeht: Sie sind Anlass, um die eigenen vier Wände zu verlassen, und wesentlicher Anknüpfungs- und Berührungspunkt für Kontakte mit anderen. Für manche Menschen mögen solche Aktivitäten (Sport oder Vereinsaktivitäten, Kunst, Musik oder Sprachen) Basis eines neuen Alltags werden. Für andere sind sie das Vehikel, um wichtige neue Beziehungen zu knüpfen. In manchen Fällen mag es leichter sein, den „Weg nach draußen" (zunächst) über den Computer zu gehen: Das Internet bietet viele Möglichkeiten, um mit Gleichgesinnten in Kontakt zu treten.

Trauern Männer wirklich anders?

Auch wenn Männer nach außen hin schneller zur Tagesordnung übergehen, bedeutet das nicht, dass sie unter dem Verlust nicht leiden. Männer ziehen sich in Stresssituationen gewöhnlich in sich zurück. Sie wollen ihre Verwundbarkeit und Schwäche nicht zeigen, denn sie haben die Erwartung an sich, zu funktionieren und alles unter Kontrolle zu haben. Zum anderen fordern sie von sich, Probleme allein zu lösen.

Obwohl die moderne Gesellschaft den Männern das Recht auf Tränen zugesteht, fällt es ihnen schwer, davon Gebrauch zu machen. Zu viele Menschen reagieren allerdings auch heute noch wie in der Vergangenheit: Sie schauen auf ihre Schuhe hinab, wenn ein Mann herzzerreißend weint. Ein Mann, der trauert, wird seltener in den Arm genommen als eine Frau. Und von jüngeren Hinterbliebenen erwartet man, dass sie sich rasch erholen.

> **Ein Mann, der trauert, wird seltener in den Arm genommen als eine Frau.**

Dazu Genevieve D. Ginsburg: „Bei einem Mann setzen wir unrealistischerweise voraus, dass er, wenn er sich mit der Situation abgefunden hat, den Tod gleichzeitig überwunden hat – und das möglichst ohne Rückfälle. Viel zu früh und lange bevor er seelisch darauf eingestellt ist – wenn seine Gefühle immer noch still und leise überströmen und er das zwingende Bedürfnis verspürt, über seine Frau, ihre Krankheit, ihren Mut zu sprechen und darüber, dass sie besser fahren konnte als jeder Lastwagenfahrer und eine glückliche Hand mit Pflanzen hatte –, versuchen seine Freunde, ihn zu verkuppeln."

Trauernde Männer fühlen sich meist noch einsamer als trauernde Frauen, die mit anderen darüber sprechen können. Die Kumpels vom Fußballplatz helfen da nicht weiter. Im Gegensatz zu vielen Frauen erleiden Männer, deren Frauen sterben, keinen Identitätsverlust. Viele männliche Betroffene nehmen sich nicht die Zeit zu trauern und kehren früher als gewohnt zu ihrem bisherigen Leben zurück. Sie empfinden die Trauer offenbar als übermächtigen Hinweis auf eigene Versäumnisse und Unzulänglichkeiten – und reagieren darauf mit einem Gefühl tiefer Beschämung.

In einem Vortrag vor dem Osnabrücker Hospiz-Verein fasst Superintendent Dr. Helmut Kirschstein seine Erfahrung mit Trauernden wie folgt zusammen: „Frauen trauern nach außen – Männer trauern im Innern. Während Frauen ihre Trauer offen zeigen und für ihre emotionale Bestürzung auch Worte finden, vollzieht sich die Trauer der Männer eher schweigsam und bleibt nach außen hin oft unsichtbar. Frauen suchen in der Trauer die Gemeinschaft – Männer suchen das Alleinsein. Während Frauen sich darum bemühen, in ihrem eigenen Fühlen Unterstützung und Bestätigung bei anderen zu bekommen und in Gesellschaft anderer ihr Bedürfnis nach Vertrautheit zu befriedigen, ziehen sich Männer zurück, um sich auf sich selbst zu besinnen und ihren angestauten Gefühlen unbeobachtet freien Lauf zu lassen. Frauen *fühlen* sich durch die Trauer – Männer *denken* sich durch die Trauer. Während der Prozess des Trauerns für Frauen *gefühlsmäßig* bestimmt ist, handelt es sich für Männer überwiegend um einen Denkprozess, bei dem sie versuchen, sich nach-denkend darüber klar zu werden, was ihnen eigentlich zugestoßen ist. Indem Männer die Tatsachen für sich einordnen, finden sie ihren Weg durch den Nebel der Trauer."

„Es sind die Glückskinder,
die die Erde überspringen dürfen,
um dorthin zu gelangen,
wofür wir einen weiten Weg gehen müssen."
(Verfasser unbekannt)

Kaum zu ertragen – plötzlich ohne Kind

Kinder sind ein Symbol für Leben und Zukunft. Ihr Tod stellt die Naturgesetze auf den Kopf. Die Gefühle der betroffenen Eltern sind geradezu unerträglich: Trauer und Angst, Verzweiflung, Schuldgefühle, aber auch Wut und Ohnmacht angesichts der Endgültigkeit des Todes. Alle Hoffnungen und Träume werden mit einem Schlag zerstört. Welchen Sinn sollte das Leben jetzt noch haben? Der Verlust eines Kindes wird meist als so einschneidend erlebt, dass Eltern nur das Empfinden bleibt, mit ihrem Kind gestorben zu sein.

„Wenn ein Kind stirbt, stirbt ein Teil der Eltern mit", so die Erkenntnis des Traumatherapeuten Dieter Steuer, der sich auf die Begleitung trauernder Eltern spezialisiert hat. „Mütter und Väter trauern doppelt: Um ihr Kind und auch um sich selbst, um ihre zerplatzten Lebensträume und ihre Zukunft." Mit keinem anderen Verlust lässt sich so schwer weiterleben.

Beim Tod eines Kindes bleiben Väter, Mütter, Geschwister, Familien zurück, die in den Grundfesten, ihren jeweiligen Persönlichkeiten und sozialen Bezügen erschüttert sind. Die bisherige Familienkonstellation ist unwiederbringlich zerstört: Der Tod zerreißt das Geflecht von Rollen, Funktionen und Beziehungsstrukturen. Das Paar, dessen einziges Kind stirbt, ist plötzlich keine Familie mehr, und wo es zwei Kinder gab, wird das Überlebende zum Einzelkind; unter mehreren Geschwistern müssen die Rollen neu verteilt werden. Der Tod eines

Kindes bedeutet für Eltern mehr noch als für andere Trauernde, im Leben stillzustehen.

Von der amerikanischen Psychotherapeutin Virginia Klein stammt der Satz „Feelings are healings!" – Gefühle sind heilsam! Das gilt ganz besonders für Familien, in denen ein Kind gestorben ist. Jeder in der Familie hat ein Recht auf seine Gefühle und seine Art des Trauerns. Viel zu schnell erwartet man von ihnen und den Geschwistern, dass sie wieder „normal" funktionieren. Diese Erfahrung machen nahezu alle Betroffenen, die sich in ihrer Trauer begleiten lassen.

Jährlich sterben in Deutschland etwa 20 000 Kinder. „Die Zahl der Hinterbliebenen geht demnach in die Hunderttausende", rechnet Petra Hohn, Vorsitzende des Bundesverbandes Verwaiste Eltern in Deutschland e.V., vor. „Der Verlust eines Kindes und die damit verbundenen Folgen sind bis heute ein Tabuthema", kritisiert sie. „Es gibt nur wenig spezielle Betreuungsangebote für die Hinterbliebenen, die jedoch im Grund lebenslang betreut werden müssten."

Wissenschaftliche Untersuchungen über die Folgen der Trauer um gestorbene Kinder belegen die drastischen Eindrücke für die Eltern. Das Risiko verwaister Mütter, irgendwann im Leben wegen psychischer Probleme in Behandlung zu kommen, sei um achtundsiebzig Prozent höher als bei anderen Müttern, ergab 2005 eine Studie in Dänemark. Schon länger ist bekannt, dass verwaiste Eltern auch noch nach zwölf bis fünfzehn Jahren stärkste Trauerreaktionen erleben können. Hier sind vor allem Väter gefährdet, die in der unmittelbaren Zeit nach dem Tod das eigene Trauma eher verdrängen.

Von Martin Luther wissen wir, dass er lange um seine Tochter Elisabeth trauerte, die im August 1528 mit nicht einmal acht Monaten starb. „Nie vorher hätte ich geglaubt, dass ein väterliches Herz wegen des Kindes so weich sein könne", beklagte der Theologe.

Der Teddy im Kinderzimmer vermehrt den Schmerz der Trauernden.

Fehlgeburt und Totgeburt

Eltern, die durch eine Fehl- oder Totgeburt ihr Baby verloren haben, nennen ihre Kinder oft Schmetterlingskinder. Auch Engelskinder oder Sternenkinder sind Bezeichnungen, die etwas Unfassbares umschreiben sollen. Ein Kind durch eine Fehl- oder Totgeburt zu verlieren, ist ein enormer Schock – besonders für die Mutter, die das Kind bis dahin ausgetragen hat. Nach den umfangreichen Vorbereitungen für das Wohl des Neugeborenen und der Vorfreude auf das neue Leben sind die Eltern am Boden zerstört. Sie müssen sich damit abfinden, dass ein Leben mit dem Baby, auf das sie sich monatelang eingestellt haben, nicht stattfinden wird.

Viele Eltern sind überfordert mit allem, was es jetzt zusammen mit den Ärzten und Hebammen zu entscheiden gilt: ob und wie das Kind bestattet wird, wie eine persönliche Verabschiedung aussehen könnte oder welche medizinischen Untersuchungen notwendig sind, um über die Ursachen des Todes mehr Klarheit zu gewinnen. Die Trauer um ein verstorbenes Baby verändert eine Frau, die Mutter, und einen Mann, der Vater ist. Manchmal steht das Leben auf dem Kopf: Was ist oben, was ist unten, was ist richtig oder falsch? Die Eltern wissen es nicht. Fallen Geburt und Tod zusammen, ist das kaum zu begreifen. Es wurde ja bereits Kinderkleidung besorgt, meist steht die Wiege im Kinderzimmer und wartet auf den Nachwuchs.

Individuelle Abschieds- und Trauerrituale

Kommt ein Kind tot zur Welt, ist es – in Anlehnung an das englische Wort „stillbirth" für Totgeburt – eine stille, eine lautlose Geburt. Denn das Baby verkündet nicht mit dem ersten Schrei seine Ankunft auf dieser Welt. Dieser frühe Tod eines Menschen ist aber nicht nur ein stiller, sondern oft auch ein unsichtbarer Tod. Denn fallen Geborenwerden und Sterben zusammen, gibt es kaum Rituale, die den Verlust sichtbar machen würden. So kann der Tod ihres Babys für die Eltern im ursprünglichen Sinn des Wortes un-begreifbar bleiben.

In dieser Situation entscheiden sich immer mehr betroffene Familien, eigene Abschieds- und Trauerrituale zu gestalten. All dies hilft, dem Kind einen Platz in der Familie zu geben. Trauer- und Abschiedsrituale bieten eine große Unterstützung, da sie den Eltern und Geschwistern vermitteln, dass sie gewisse Aspekte ihres Lebens gestalten und somit auch kontrollieren können. Neben der wachsenden Zahl von individuellen symbolischen Handlungen zeigen sich auch erste Veränderungen im gesellschaftlichen Umgang mit fehl- und totgeborenen Kindern.

Sichtbares Zeichen hierfür sind die besonderen, häufig künstlerisch gestalteten Gedenkstätten für früh verstorbene Kinder, die in einigen Städten bereits auf Friedhöfen eingerichtet wurden. Es gibt zwei unterschiedliche Arten von Abschiedsritualen: Manche dieser symbolischen Handlungen werden unmittelbar nach dem Tod bzw. der Geburt eines verstorbenen Kindes durchgeführt. Andere hingegen werden erst lange Zeit nach dem Verlust durch die trauernden Menschen vollzogen.

Viele Eltern schrecken zunächst vor der Begegnung mit dem toten Kind zurück. Sie haben Angst davor, mit Missbildungen konfrontiert zu werden oder stehen zum ersten Mal in ihrem Leben einem toten Menschen gegenüber. Die Gelegenheit, das eigene Kind sehen und sogar halten oder baden zu können, ermöglicht es den Eltern, den Verlust zu realisieren. Es erscheint selbstverständlich, einem neuen Erdenbürger sofort einen Namen zu geben. Die Frage danach ist deshalb auch eine der ersten, die den Eltern kurz nach der Geburt gestellt wird.

Dieser selbstverständliche Umgang mit dem Namen geht verloren, wenn das Kind tot geboren wurde. In einer solchen Situation werden Eltern nur selten danach gefragt, wie ihr Baby heißen soll. Dabei kann die Namensgebung wichtige Signale setzen – für die Eltern ebenso wie für alle anderen Beteiligten. Studien zeigen, dass fast alle befragten Mütter ihrem totgeborenen Kind einen Namen geben. Für viele Eltern ist es zudem wichtig, dass die Namensgebung durch eine Taufe bekräftigt wird. Fallen Geburt und Tod jedoch zusammen, greifen herkömmliche Abschiedsrituale nicht.

Das ist auch bei den traditionellen Todesanzeigen so. Denn nun ist ein Text notwendig, der die Geburt und den Tod des Kindes mitteilt. Dafür bestehen keine kulturell verankerten Vorgaben. Das schafft andererseits einen großen Raum für Kreativität, den die trauernden Eltern nutzen können. Geburts-Todesanzeigen erleichtern auch Bekannten und Freunden den Umgang mit den Eltern, da durch eine solche Mitteilung das Kind auch für sie „wirklich" wird.

Manche Familien haben nichts, was sie an das verstorbene Kind erinnert bzw. eine sichtbare Verbindung zu ihm schafft. Erfahrungen aus der Praxis zeigen, dass auch beim frühen Verlust eines Kindes eine große Zahl an Erinnerungen für die trauernde Familie geschaffen werden kann, wenn das Klinikpersonal sich dafür aufgeschlossen zeigt. In vielen Krankenhäusern werden mittlerweile Erinnerungsstücke an die Eltern übergeben:

Der frühe Tod eines Menschen ist nicht nur ein stiller Tod, sondern auch ein unsichtbarer.

- Fotografien, in einem liebe- und würdevollen Rahmen vom toten Kind gemacht, werden eine konkrete Erinnerung für die Eltern bleiben. Durch die Bilder können die Eltern sich und ihrer Umgebung zeigen, dass sie nicht um ein Phantom trauern, sondern um dieses eine Kind. Auch für die Geschwister oder nachfolgende Kinder kann es wichtig sein, bei Nachfragen eine Aufnahme zeigen zu können, damit ihr verstorbenes Geschwisterkind auch für sie konkret und real bleibt.
- Bleibende Erinnerungen an das totgeborene Kind sind ein Fuß- oder Handabdruck, die mit Hilfe eines Stempelkissens oder durch einen Gipsabdruck angefertigt werden.
- Ist das Kind mit Haaren auf die Welt gekommen, wird den Eltern möglicherweise eine Locke übergegeben.
- Die Bettkarte mit den Daten des Kindes und seinem Namen oder das sogenannte Identifikationsbändchen sind ebenfalls wichtige Erinnerungsstücke.
- Auch das Tuch, in das das verstorbene Baby eingewickelt war, erfüllt einen Erinnerungszweck.

Das Grab – ein Ort der Trauer

Bei einer Fehlgeburt wird das Trauern erschwert, weil man gewöhnlich keine Bestattungszeremonie vornimmt. Kinder unter fünfhundert Gramm Körpergewicht sind nicht bestattungspflichtig. Diese Säuglinge werden weder in den Personenstandsbüchern beurkundet, also nicht in das Familienbuch mit aufgenommen, noch statistisch erfasst. Entsprechend besteht für diese Föten auch kein Namensrecht. Sie sind geboren, aber offiziell nicht existent.

Das deutsche Bestattungsrecht sieht jedoch die Möglichkeit vor, Fehlgeburten in angemessener Weise beizusetzen. Ein Bestatter oder die Friedhofsverwaltung wird Ihnen dazu Auskunft erteilen. Wird ein Kind, wie klein es auch sein mag, nicht bestattet, fehlen dem trauernden Paar die öffentliche Anerkennung des Verlustes und der Trost von Eltern, deren Kind bei der Geburt oder kurz danach stirbt. Für viele Elternpaare ist es deshalb von großer Bedeutung, ihr Kind beerdigen zu lassen.

Alles deutet darauf hin, dass eine Bestattung, so schwer sie auch empfunden werden mag, die Betroffenen in ihrer Trauerarbeit weiterbringt. Je mehr das Begräbnis und die Trauerfeier von den Eltern und der Familie mitgestaltet werden, desto bedeutungsvoller und somit hilfreicher sind sie auf dem Trauerweg. Für Eltern besteht die Möglichkeit, ein Reihen- oder Privatgrab für eine bestimmte Zeit zu kaufen oder das Baby im Familiengrab beisetzen zu lassen.

Plötzlicher Kindstod

Beim plötzlichen Kindstod (SIDS – Sudden Infant Death Syndrom, Säuglingstod, Krippentod) handelt es sich um das plötzliche und unerwartete Sterben ansonsten gesunder Kinder im ersten Lebensjahr. Die Ursachen hierfür sind medizinisch noch nicht geklärt. Die Babys werden von ihren Eltern in gewohnter Weise zum Schlafen gelegt und ohne erkennbare Ursache am Morgen darauf oder nach dem Mittagsschlaf tot in ihrem Bettchen aufgefunden. Betroffene Familien haben nicht nur den Verlust ihres Kindes zu verkraften, sondern sind darüber hinaus mit einer Reihe schwerwiegender Probleme belastet. Das Fehlen einer erkennbaren Todesursache führt innerhalb der Familie zu quälenden Fragen nach dem eigenen Fehlverhalten in der Pflege und bei der Versorgung des Kindes. Viele Eltern entwickeln erhebliche Selbstzweifel und Schuldgefühle.

Erschwerend kommt hinzu, dass der Kindstod eine Aufklärung durch die Polizei erforderlich macht. Das trägt zusätzlich zu tiefer Verunsicherung und Misstrauen bei den betroffenen Familien, aber auch bei Freunden, Bekannten und Nachbarn bei. Außerdem führen in der Öffentlichkeit das Phänomen des plötzlichen Säuglingstodes und der mysteriöse Charakter, den er für viele hat, dazu, dass Außenstehende den Betroffenen zum Teil erhebliche Vorurteile entgegenbringen bzw. mit Rückzug reagieren.

Der Tod eines Kindes führt häufig in eine tiefe existenzielle Krise. Verzweiflung, Depressionen oder Hoffnungslosigkeit stehen meist am Anfang schwerwiegender Probleme: Beziehungsschwierigkeiten mit dem Partner, Probleme mit der nicht beachteten Trauer der hinterbliebenen Geschwister, Konflikte am Arbeitsplatz, gesundheitliche Beeinträchtigungen, Probleme mit Freunden und Nachbarn. Eltern, die den plötzlichen Verlust eines Kindes bewältigen mussten, antworteten auf die Frage, was ihnen bei der Trauerarbeit half: sehr viel Zeit, Teilnahme an der Beerdigung, Gespräche, Bilderbücher zum Thema Sterben und Tod, Gebete, Besuche von Familienangehörigen und Freunden sowie die Erinnerung an die schönen Momente mit dem Kind.

Ist das Baby an plötzlichem Kindstod gestorben, sollten Eltern psychologische Hilfe in Anspruch nehmen. Gerade weil es keine klar erkennbare Todesursache gibt, quälen sie sich oft jahrelang mit Schuldgefühlen und Selbstzweifeln. Die psychologische Unterstützung beginnt schon beim Verhalten des Rettungspersonals; tatsächlich gibt es Handlungswegweiser, die Rettungssanitätern und Medizinern Unterstützung für derartige Situationen bieten. Aber auch Tage, Wochen, Monate, teils Jahre nach dem Tod des Kindes brauchen Eltern noch Hilfe.

Erinnerungen an eine glückliche Zeit ...

Wie eine dänische Studie mit 21 000 Eltern ergab, die ihre Babys durch plötzlichen Kindstod verloren haben, ist deren Risiko für Unfälle, Selbstmord, Herzanfälle und Krebs bis zu viermal höher als das anderer Eltern. Diese Gefahren lassen sich mit psychologischer und medizinischer Betreuung entweder ganz vermeiden oder zumindest verringern. Die Gemeinsame Elterninitiative Plötzlicher Säuglingstod (GEPS) Deutschland e.V. bietet betroffenen Eltern bundesweit Hilfe an.

Geschwisterkinder, für die der Verlust des Bruders oder der Schwester in der Regel eine große Belastung darstellt, bleiben in ihrem Schmerz häufig unbeachtet. Und doch kann gerade ihr Verhalten ein wichtiger Anhaltspunkt dafür sein, wie gut bzw. schlecht eine Familie mit der Trauer um ein Kind fertig wird. Bei über fünfzig Prozent dieser Kinder zeigen sich Leistungsabfälle in der Schule, Trennungsängste, Depressionen und Verhaltensauffälligkeiten; außerdem fühlen sie sich unbewusst am Tod ihres Geschwisters schuldig.

Virtuelle Gedenkseiten

Inzwischen thematisieren immer mehr Betroffene ihre Gefühle und Erfahrungen öffentlich. Weit über hundert Gedenkseiten für verstorbene Kinder listet die Homepage der Verwaisten Eltern im Internet auf, fast täglich werden es mehr. Ähnlich wie die Straßenkreuze zum Gedenken an Unfallopfer sind diese Seiten erschütternde Orte, an denen Eltern ihren Gefühlen freien Lauf lassen. Briefe, Gedichte, Fotos stehen neben den Lebensläufen, die durch plötzlichen Kindstod, Verkehrsunfälle, unerkannte Krankheiten oder die Folgen scheinbar harmloser Operationen jäh endeten. Unvermittelt gehen Liebeserklärungen in ungestüme Klagen oder verbale Wutanfälle über, in Schuldzuweisungen an Ärzte und Unfallgegner.

„Still, still – seid leise,
es waren Engel auf der Reise.
Sie wollten ganz kurz bei euch sein,
warum sie gingen, weiß Gott allein.
Sie kamen von Gott, dort sind sie wieder.
Wollten nicht auf unsere Erde nieder.
Ein Hauch nur bleibt von ihnen zurück,
in eurem Herzen ein großes Stück.
Sie werden jetzt immer bei euch sein,
vergesst sie nicht, sie waren so klein.
Geht nun ein Wind, an mildem Tag,
so denkt, es war ihr Flügelschlag.
Und ihr fragt, wo mögen sie sein?
Ein kleiner Engel ist niemals allein.
Sie können jetzt alle Farben sehn,
und barfuß durch die Wolken gehn.
Und wenn ihr sie auch so sehr vermisst
und weint, weil sie nicht bei euch sind,
so denkt, im Himmel, wo es sie nun gibt,
erzählen sie stolz:
Wir werden geliebt!"   (Verfasser unbekannt)

Wenn ein Kind an einer schweren Krankheit stirbt ...

Kinder und Krankheiten – das will einfach nicht zueinander passen. Erst recht nicht, wenn die Krankheit unheilbar ist und sogar tödlich endet. Ungefähr 14 500 Kinder und Jugendliche in Deutschland leiden an einer lebensverkürzenden Erkrankung; jedes Jahr sterben 1400 Kinder und Jugendliche daran. Die meisten dieser Kinder leben – abgesehen von Klinikaufenthalten zwischendurch – bis zum Tod zu Hause bei ihren Eltern. Pflege und Versorgung des unheilbar kranken Kindes stehen im Vordergrund – und alles andere zwangsläufig hintan!

Der Weg von der Diagnose bis zum Tod des Kindes zieht sich oft über Monate, manchmal über Jahre hin und verlangt Eltern und Geschwistern das Äußerste ab – ein Leben zwischen Hoffnung und Verzweiflung. Die nervliche Anspannung zermürbt viele Familien, weil sie ein Leben im permanenten Ausnahmezustand führen. Die Begleitung eines kranken Kindes über einen längeren Zeitraum lässt immer wieder Hoffnung aufkeimen. Zu diesen Sorgen kommt eine große Zerrissenheit gegenüber der restlichen Familie, da Zeit und Kraft fehlen, sich genügend um sie zu kümmern. Geschwister fühlen sich manchmal an den Rand gedrängt. Rund achtzig Prozent der Partnerschaften zerbrechen unter einer solchen Belastung. Der drohende Verlust geht oft über die Kräfte. Eltern, die ein todkrankes Kind betreut haben, erleben den Verlust anders als Eltern, deren Kind plötzlich aus dem Leben gerissen wird.

Kinder wissen, wie es um sie steht

Vielfach besteht noch heute die Auffassung, Kinder setzten sich nicht mit Sterben und Tod auseinander. Auch Sigmund Freud sprach ihnen eine solche Fähigkeit schlichtweg ab. Im Umgang mit an Krebs Erkrankten zeigt sich aber, dass bereits relativ kleine Kinder sich mit Tod und

Sterben auseinandersetzen, besonders dann, wenn sie selbst betroffen sind. Sie wissen, wie es um sie steht, auch wenn ihnen das keiner gesagt hat. Oft sind sie die ersten, die ihre Krankheit und den nahen Tod akzeptieren. Ihr Wissen drücken sie symbolisch in Bildern oder Gedichten aus. Viele malen immer wieder Schmetterlinge – Metaphern für den Übergang in eine andere Welt. Oft haben sie ganz konkrete Vorstellungen vom Tod: von Engeln, die Nutella essen, vom Wiedersehen mit der geliebten Omi oder vom Himmel, in dem es jeden Tag Eis oder anderen Leckereien gibt. Allen Kindern ist gemeinsam, dass sie frühzeitig über ihre Krankheit und ihre Heilchancen Bescheid wissen.

Ursula Eichenberger hat sechs unheilbar kranke Kinder begleitet und beschreibt dies in ihrem Buch „Tag für Tag": „Allen gemein ist, dass sie einen wachen, gesunden Geist und bereits eine Reife erreicht haben wie wohl kaum ein gesundes Kind dieses Alters. So sagt der vierzehnjährige Luciano: Mein Leben und ich sind Freunde geworden. Der achtjährige Marco, der – sobald er einschläft – mit dem Atmen aufhört, beschreibt sein Leben mit den Worten: Jeden Tag geht es deiner Seele wie verrückt. Und die elfjährige Tatjana meint: Man muss es genießen, jung zu sein."

Kinder, die sich ihrer Krankheiten voll bewusst sind, können offen über sich, ihr Leben und ihre Gefühle sprechen. Damit sind sie in ihrer Entwicklung weiter als so mancher gesunde Erwachsene. In dieser Lage öffnen sich die kranken Kinder am wenigsten denen gegenüber, die sie am meisten lieben und brauchen, nämlich den Eltern, aber auch den Schwestern und Ärzten, wohl aus der Furcht heraus, diese zu verlieren, wenn sie sie zu sehr mit ihren seelischen Problemen belasten. Sie bleiben allein mit ihren Gedanken über die Krankheit und deren Verlauf. Sie sprechen nur selten darüber und dann verschlüsselt, oft in Gegenwart unbeteiligter und unkundiger Personen, die sie nicht verstehen und nicht angemessen reagieren können.

Eltern, die ihre Kinder beim Sterben begleiten, sollten offen sein für die Signale und mit ihren Kindern sprechen, ihnen Fragen stellen oder versuchen, Antworten auf deren Fragen zu geben. Kinderhospize helfen Ihnen weiter, wenn Sie nicht wissen, wie Sie mit Ihrem todkranken Kind über den nahen Tod sprechen sollen.

Kinderhospize

Ein Kinderhospiz ist ein Erholungsort für unheilbar und lebensverkürzend erkrankte Kinder und deren Eltern und Geschwister. Durch die intensive Pflege des Kindes kommen die Erholung der Eltern und die Zuwendung für die Geschwister zu kurz. In einem Kinderhospiz können sich die Eltern für eine begrenzte Zeit aus der Pflege herausnehmen und werden durch professionelle Pfleger ersetzt. Außerdem gibt es dort wie im Erwachsenenhospiz die Möglichkeit zur Sterbebegleitung. Kinderhospize sind Orte zum Weinen und Abschiednehmen, aber auch zum Lachen – für die Kinder, ihre Geschwister und Eltern. Das Hospiz ist also nicht nur ein Sterbehaus. In vielen Fällen kommen die kleinen Patienten immer wieder im Jahr für ein paar Wochen zu Besuch – mit oder ohne Eltern. Die Kosten für vier Wochen Kinderhospiz pro Jahr übernehmen die Krankenkassen – allerdings nur für das Kind. Der Aufenthalt der Eltern wird meist über Spenden finanziert.

Sich innerlich wie tot fühlen

Nach dem Tod eines Kindes steht den betroffenen Familien ein schwerer Weg bevor. Sie sehen sich mit belastenden Gefühlen, mit unendlich vielen Erinnerungen und mit der Situation konfrontiert, dass dieser Abschied sie zeitlebens begleiten wird. Manche Eltern verfallen in schwere Depressionen, andere stürzen sich in Aktivitäten. Die Trauer nimmt keinen vorhersehbaren Verlauf, es gibt kein Patentrezept für deren Bewältigung, sie ist immer subjektiv. Für die verwaisten Eltern und Geschwister bedeutet dies eine große und schwere Lebensaufgabe.

Erst nach der Bestattung beginnt die wirkliche Zeit der Trauer, ein Mix aus unterschiedlichen Gefühlen: Verzweiflung und Sehnsucht, Leere und Lebensüberdruss, Einsamkeit, Ärger und Zorn, Widerwille, Neid und Eifersucht werden erlebt. Abwechselnd und in unterschiedlicher Intensität. Oft sehen wir trauernde Mütter und Väter in völliger Apathie. Sie beschreiben das mit diesen Worten: „Ich fühle mich innerlich wie tot, und ich wünschte mir, ich wäre es auch. Dann hätten dieses unerträgliche Leiden und dieser Schmerz ein Ende."

Die Trauer wird allumfassend. Für eine Zeit lang hat nichts anderes mehr Platz im Leben dieser Menschen. Alles ist tief, schwarz, qualvoll und scheint unerträglich. Die Warum-Frage wird laut. Warum mein Kind? Warum wir? Warum so früh? Warum so schnell? Diese Frage kommt immer und immer wieder. Ungefragt und unberechenbar.

Behutsam müssen Sie lernen, das Geschehen in Ihr Leben zu integrieren und wieder einen Sinn und eine Zukunft zu sehen. Der Tod Ihres Kindes erschüttert Sie als Eltern und auch Ihre Beziehungen zutiefst. Ihre körperlichen Kräfte sind nach der meist langen Erkrankung des Kindes erschöpft. Häufig kommt es in dieser Phase zur Trennung. Die Art, in der Sie und Ihr Partner Ihre Trauer ausdrücken, führt zu Missverständnissen und gelegentlich auch zu völliger Funkstille. Diese kann sich verfestigen, sodass Sie beide sich weiter voneinander entfernen. Das kommt häufig vor, weil beide Ehepartner einen schweren Verlust zu verarbeiten haben.

Väter neigen dazu, ihre Gefühle totzuschweigen, Frauen drücken ihre Emotionen offener aus. Manche Frauen deuten das Verhalten ihres Mannes als Anzeichen für fehlende Trauer. Da die Gefühlslage auf beiden Seiten angespannt ist, riskieren Sie, sich von Ihrem Partner zu isolieren und die gemeinsam geschaffene Vertrauensbasis zu belasten. Lassen Sie sich helfen, um mit diesem schweren Schicksalsschlag fertig zu werden, und schließen Sie sich einer Selbsthilfegruppe an.

Tod eines Kindes durch **Selbsttötung**

In den Augen der Kirche kam Suizid einer Todsünde gleich, die mit ewiger Verdammnis bestraft wurde, weil sich der Mensch anstelle Gottes zum Herrn über Leben und Tod machte, wenn er Hand an sich legte. In früheren Jahrhunderten durfte sein Leichnam die letzte Ruhe nicht in geweihter Erde finden. Deshalb gab es auf den Friedhöfen einen separaten Platz für diese aus der Gemeinschaft herausgefallenen Menschen, die durch die Art ihres Todes als Bedrohung empfunden wurden. Die Kirche ächtete den Selbstmörder und verweigerte ihm das kirchliche Begräbnis.

Auch wenn dieser Umgang mit Suizid einer vergangenen Zeit angehört, kommen wir nicht um die erschreckende Erfahrung herum, dass unser Denken und unsere Gefühle nach wie vor von solchen Einstellungen beeinflusst werden. Für Eltern, deren Kind sich das Leben genommen hat, ist es besonders wichtig, dass sie nicht noch zusätzlich mit Vorwürfen, Verdächtigungen und Schuldzuweisungen belastet werden. Es ist wichtig, dass Sie sich dem Suizid stellen, so schwierig dies auch sein mag. Wenn Sie die Todesursache Ihres Kindes geheimhalten, werden Sie sich den Trost nehmen, über Ihr Kind zu sprechen. Das könnte Sie von Familie und Freunden isolieren, die Ihnen helfen möchten. Reden Sie in Ihrer Familie über den Tod, über den Verlust und den Schmerz. Reden Sie über die schönen Zeiten, erinnern Sie sich aber auch an die weniger schönen.

Suizid ist eine Reaktion auf überwältigende Gefühle der Einsamkeit, Nutzlosigkeit, Hilflosigkeit und Depression.

Der Suizid eines Kindes kann das Trauern der Eltern verstärken und verlängern. Er ist eine Reaktion auf überwältigende Gefühle der Einsamkeit, Nutzlosigkeit, Hilflosigkeit und Depression. Der Suizid geschieht, wenn der Schmerz eines Menschen größer ist, als er verkraftet. Selbstmord ist die sechsthäufigste Todesursache bei Kindern zwischen fünf und vierzehn Jahren. Natürlich versuchen Eltern verzweifelt zu verstehen, warum ihr Kind keinen anderen Ausweg für sich gesehen hat. Sie überlegen, was sie anders hätten tun können. Die Frage nach dem „Warum" bleibt meist unbeantwortet, denn die wenigsten jugendlichen Selbstmörder hinterlassen einen Abschiedsbrief.

„An die Mutter denkt jeder, an den Vater wird schon weniger gedacht, und Geschwister werden ganz vergessen", hat die Sterbeforscherin Elisabeth Kübler-Ross einmal gesagt. Doch auch Geschwister brauchen nach einem Suizid dringend Hilfe. Geschwister verlieren nicht nur ihren Bruder oder ihre Schwester, sondern auch für kurze Zeit ihre Eltern. Sie trauern nach außen hin kaum sichtbar, denn sie wollen ihre Eltern nicht zusätzlich belasten. Sie weinen, wenn niemand sie sieht, um ihre Eltern nicht noch trauriger zu machen.

Candle Lighting

Das „Worldwide Candle Lighting" ist ein festes Ritual, das in der ganzen Welt jedes Jahr am zweiten Sonntag im Dezember begangen wird. An diesem Tag geht ein Band von Lichtern um die Erde, von Haus zu Haus, von Land zu Land, von Mensch zu Mensch. Damit erinnern Eltern, Geschwister und Großeltern, Freunde und Angehörige an Kinder, die verstorben sind. Um neunzehn Uhr werden die wärmenden Flammen entzündet und die Kerzen in die Fenster gestellt. Das Licht wandert, weil sich die Erde dreht. Es verbindet die Menschen in der Vorweihnachtszeit, die ohne die Kinder besonders schwer zu durchleben ist. An vielen Orten, in Kirchen oder auch im privaten Rahmen finden an diesem Tag Gedenkfeiern in Erinnerung an die verstorbenen Kinder statt.

Verwaiste Eltern

Im Sterben der Kinder erleben wir Ohnmacht und unsere Handlungsgrenzen. Tod fragt nicht nach Alter und Geschlecht, er tritt einfach ein. Es dauert viele Jahre, bis Eltern wieder einen Sinn im Leben sehen, bis sie spüren, dass ihr eigenes Leben weitergehen kann. Das bedeutet nicht, dass sie ihr Kind vergessen haben. Die Geburtstage des verstorbenen Kindes spielen weiter eine Rolle. Erleben Eltern andere Kinder im Alter ihres toten Kindes, denken sie unwillkürlich daran, wie es nun wohl aussähe, welche Fähigkeiten es hätte … Das verstorbene Kind fehlt in der Familie. Das bleibt so, ein Leben lang.

Als besonders hilfreich auf dem Trauerweg erweisen sich Selbsthilfegruppen und -organisationen, in denen Hinterbliebene ermutigt werden, ihre Gefühle der Trauer und des Schmerzes, der Verbundenheit und Liebe, der Schuld und Aggression zu äußern. Die Gruppe unterstützt die Eltern dabei, die allmählich wieder in die Zukunft gerichteten Aktivitäten zu realisieren.

In den 1980er-Jahren entstanden die ersten Selbsthilfegruppen für verwaiste Eltern. Die Idee kam aus Amerika; dort heißen sie „Compassionate Friends" (mitfühlende Freunde). 1990 wurden die ersten beiden Vereine in Deutschland gegründet: „Verwaiste Eltern München e.V." und „Verwaiste Eltern Hamburg e.V." Inzwischen gibt es weitere derartige Vereine, seit 1997 einen Bundesverband „Verwaiste Eltern in Deutschland e.V." und etwa dreihundert Selbsthilfegruppen in der gesamten Bundesrepublik Deutschland. Trauernde sind „seelisch Schwerverletzte". Um wieder „heil zu werden", brauchen sie Hilfe und Unterstützung. In den Gruppen finden Betroffene einen Schutzraum, in dem Trauer, Schmerz, Sehnsucht, Wut zugelassen werden können, bis der Schmerz sich in Hoffnung wandelt.

© Joujou – Pixelio

„Ich liege erst im Bett zu Hause und
dann im Bett draußen.
Vielleicht ist es im Winter sehr kalt,
und dann friert es mich nicht,
weil der Sarg eine weiße, dicke Decke hat.
Im Sarg, glaub ich, müssen meine Oma und mein Opi
auf den lieben Gott warten, weil der noch so viel
arbeiten muss mit den anderen toten Menschen.
Weil er die Seelen zählt."

(Andreas, acht Jahre. Aus: Christine Fleck-Bohaumilitzky,
„Wie Kinder Tod und Trauer erleben")

Ist Oma jetzt ein Engel?

Das geliebte Haustier stirbt, auf einmal ist die Oma nicht mehr da, der kleine Bruder kommt nicht aus dem Krankenhaus zurück, oder sogar ein Elternteil muss begraben werden – Tod und damit Trauer können urplötzlich in eine behütete Kindheit eindringen und das Leben eines Kindes komplett durcheinanderwirbeln. Kinder nehmen den Tod oft viel bewusster wahr, als Erwachsene es sich vorstellen.

Kindliche Vorstellungen vom Tod

Für die meisten Erwachsenen steht fest: Kinder sind zu jung, um zu verstehen, was Tod bedeutet. Sie sollen vor der Realität des Todes geschützt und nicht mit etwas belastet werden, was sie noch gar zu erfassen in der Lage sind. Doch Kinder sind sich dieser Realität bewusster, als Erwachsene annehmen. Je nach Alter haben sie ihre eigenen Vorstellungen von den Begriffen „Leben" und „Tod". Kindern begegnen im Lauf ihrer Entwicklung Sterben und Tod auf vielerlei Weise: Sie sehen tote Tiere am Straßenrand, beobachten im Fernsehen, wie todbringende Gewalt unseren Planeten beherrscht, schnappen auf, was Erwachsene über das Sterben und den Tod äußern, verlieren vielleicht ein Haustier. Kinder erleben, dass Oma oder Opa sterben, und manche werden plötzlich mit dem Tod eines Geschwisterkindes oder eines Elternteils konfrontiert.

Jede dieser Erfahrungen – so verständlich die eine und so unsagbar schwer die andere sein mag – birgt für das Kind die Möglichkeit in sich, von klein auf zu lernen, Trauer auszudrücken und den Tod als Teil des

Lebens zu begreifen – vorausgesetzt, die Erwachsenen in seiner Nähe gehen offen und ehrlich damit um. Tabuisieren Sie diese Themen, vor allem wenn es um Menschen geht, die dem Kind nahestanden, nimmt es das als Zeichen, dass Sterben und Tod etwas sehr Dunkles und Schlechtes sind und Trauer nicht gezeigt werden darf. Einsamkeit, Hilflosigkeit und Angst wachsen, wo Zuwendung, Bestätigung und Trost angebracht wären. Fatalerweise empfinden nicht wenige Kinder ihre innere Einsamkeit als Strafe, entwickeln Schuldgefühle und glauben, etwas Böses getan zu haben, was zum Tod geführt hat.

Ganz gleich wie alt Ihr Kind ist, es nimmt den Verlust eines geliebten Menschen wahr, und es trauert auf seine Weise. Kinder wissen mehr, als Erwachsene vermuten, In ihrer Sprache sagen sie in kurzen, treffenden Worten, was Erwachsene oft zögerlich und umständlich umschreiben. Der ganze Schmerz und die tiefe Wahrheit können in einem für uns fast nüchtern klingenden Satz wie „Oma strickt nicht mehr!" verborgen sein.

Wie Kinder sich Sterben und Tod vorstellen, wird zum einen davon geprägt, wie in der Familie darüber gedacht und gesprochen wird. Zum anderen ist das vom Alter und der Entwicklungsstufe abhängig. Dabei sind Kinder gleichen Alters nicht immer auf dem gleichen Entwicklungsstand. Die kindlichen Vorstellungen vom Tod unterliegen also einem fortlaufenden Reifungsprozess.

Die ersten fünf Lebensjahre: Kinder unter drei Jahren können die Begriffe „Sterben" und „Tod" verstandesmäßig zwar noch nicht erfassen, empfinden jedoch einen Verlust sehr deutlich. Drei- bis Fünfjährige neigen dazu, Sterben und Tod als einen vorübergehenden Zustand zu betrachten, wie ein Weggehen auf Zeit. Sie vergleichen ihn mit dem Schlaf, aus dem man wieder aufwacht, oder mit einer Reise, von der man zurückkommt. Für ein Kind kann es auch wie ein Tod sein, wenn Vater oder Mutter zur Arbeit gehen; für sie bedeutet Tod emotional vor allem Entzug oder Entbehrung von Wichtigem. Sie haben große Angst davor, von den Eltern verlassen zu werden. Für Kinder dieses Alters ist der Tod nichts Endgültiges, eher etwas Zufälliges, das anderen passiert. Um sich selbst haben sie keine Angst. Ein fünfjähriges Kind kann sich nur schwer vorstellen, früher nicht existiert zu haben oder später nicht mehr zu sein.

Zwischen sechs und neun: In diesem Alter lernen Kinder allmählich, die Endgültigkeit des Todes zu akzeptieren. Sie glauben trotzdem weiterhin, davon nicht selbst betroffen zu sein. Für sie besteht die Möglichkeit, sich dem Tod zu entziehen. Ein Teil der Kinder personifiziert den Tod. In ihrer Vorstellung handelt es sich um eine eigene, separate Person, oder der Tote selbst ist der Tod. Oft wird er als Engel in menschenähnlicher Gestalt, der im Himmel lebt, oder als Skelett gesehen, das ein Komplize des Teufels ist. Dieses Wesen kann sich unsichtbar machen, ist ganz leise, tanzt mit den Geistern, hinterlässt Fußspuren, schickt Vorboten und agiert meist in der Dunkelheit. Der Tod holt nur die Bösen. Wenn man brav ist, kann man ihm also entrinnen.

Ab etwa sechs Jahren interessieren sich Kinder dafür, was aus den Toten wird. Sie haben zum Teil sehr konkrete Vorstellungen. Tote liegen im Sarg unter der Erde, sie können nicht mehr atmen und haben die Augen geschlossen. Das Interesse an Friedhof, Grab, Sarg und Beerdigung nimmt mit sieben Jahren weiter zu. Mit acht Jahren verstehen Kinder langsam, dass sie selbst und Menschen, die sie lieb haben, sterben können. Sie betrachten den Tod eines geliebten Menschen oft als Strafe für ihr eigenes tadelnswertes Verhalten. In diesem Alter begreifen Kinder, dass der Körper eines Verstorbenen zerfällt. Dieser Gedanke ist für sie jedoch so unerträglich, dass sie beginnen, an die Unsterblichkeit zu glauben.

Zwischen zehn und zwölf: Nach dem neunten Lebensjahr akzeptieren Kinder in der Regel den Tod als Naturphänomen. Sie erkennen allmählich, dass der Tod alle Lebewesen trifft und unausweichlich ist. Auch sie müssen eines Tages sterben. Der Gedanke, dass die Seele nach der Loslösung vom Körper weiterlebt, gibt vielen Trost. Andere verstecken ihre Angst vor dem Tod, indem sie darüber scherzen. Unter Umständen empfinden Kinder dieser Altersgruppe eine gewisse Verantwortlichkeit für den Tod geliebter Menschen.

Pubertät: Mit dem Eintritt in die Pubertät rücken mehr und mehr philosophische Aspekte in den Vordergrund. Die Jugendlichen sind auf der Suche nach der eigenen Identität und setzen sich mit dem Tod im Zusammenhang mit der Frage nach dem Sinn des Lebens auseinander. In dieser Umbruchphase zwischen Kindheit und Erwachsensein können sie sich übertrieben mit der Frage des Todes beschäftigen.

Wie Kinder trauern

Kinder trauern um den Verlust eines geliebten Menschen genauso intensiv wie Erwachsene. Manchmal sogar stärker. Weil sie den Schmerz aber nicht direkt ausdrücken können, zeigen Kinder ihre Gefühle in akuten körperlichen Symptomen oder bestimmten Verhaltensweisen. Bei einem Todesfall in der Familie brauchen Kinder viel Unterstützung, um mit dem Verlust und der Trauer umgehen zu können.

Die Einstellung der Erwachsenen zu einem Trauerfall bzw. deren Verhalten prägt das Verhältnis der Kinder zum Tod. Denn sie lernen durch Beobachtung. Vor allem die ganz Kleinen ahmen ihre Eltern nach und handeln dementsprechend.

Häufig fühlen sich durch den Tod eines Angehörigen betroffene Eltern jedoch nicht in der Lage, ihrem Nachwuchs den adäquaten Umgang mit dem Thema Tod zu vermitteln. Sie reagieren hilflos, wenn ihr

Oft reagieren Eltern hilflos, wenn ihr Kind in sich gekehrt ist.

Sprössling traurig ist. Entweder sind sie in ihrem eigenen Kummer zu sehr gefangen, um sich auf das Kind zu konzentrieren, oder aber sie versuchen es zu schonen, indem sie es von allen Vorgängen fernhalten, die mit dem Sterbefall zu tun haben. Mit beiden Verhaltensweisen werden Sie bei Ihrem Kind jedoch eine effektive Trauerarbeit unterbinden.

Emotionale Reaktionen

Kinder bringen je nach Persönlichkeit ihre Trauer anders zum Ausdruck: vom Wutausbruch bis zu scheinbarem Desinteresse. Sie entwickeln irrationale Schuldgefühle – häufig beim Tod von Geschwistern –, versuchen stark zu sein, um die Eltern zu unterstützen, oder scheinen ungerührt, wenn auch die Eltern wenig Gefühl zeigen können oder wollen. Oft sind sie doppelte Verlierer: Beim Tod von Vater, Mutter oder Geschwistern verlieren sie nicht nur eine wichtige Bezugsperson, einen Freund oder Spielkameraden, sondern meist auch noch die Zuwendung und Aufmerksamkeit ihrer Familie, die ebenfalls trauert. Doch gerade Kinder brauchen in dieser Zeit besonders viel Aufmerksamkeit.

Kinder im Kleinkindalter (bis drei Jahre) weinen viel und klammern sich mehr als sonst an die Eltern. Oft fallen sie in frühere Entwicklungsphasen zurück und nässen beispielsweise wieder ein. Im Alter von drei bis fünf Jahren haben sie Angst, ihren Eltern könnte ebenfalls etwas zustoßen, wenn sie von diesen getrennt sind. Kinder zwischen sechs und neun Jahren zeigen große Angst vor allem, was mit dem Tod zu tun hat, reden nicht gern darüber und empfinden Trauer. Zehn- bis Zwölfjährige entwickeln ebenfalls Trennungsängste, reagieren zudem oft mit nachlassender Leistung in der

Die Einstellung der Erwachsenen zu einem Trauerfall bzw. deren Verhalten prägt das Verhältnis der Kinder zum Tod.

Schule. Teenager nehmen gegenüber jüngeren Geschwistern eine Erwachsenenrolle ein; sie werden schnell wütend und reagieren aggressiv. Nicht selten sind sie auf den Tod fixiert und suizidgefährdet. In allen Altersgruppen ist Angst eine häufige Reaktion auf Todesfälle.

Zusätzlich haben Kinder mit allen anderen Gefühlen zu kämpfen, die Erwachsene in ihrem Trauerprozess durchmachen:

- Traurigkeit: In den meisten Fällen sind Kinder nach einem Todesfall traurig und können ohne weiteren Anlass in Melancholie und Niedergeschlagenheit verfallen. Oder sie fangen an zu weinen. Teenager werden häufig mutlos.
- Einsamkeit: Kinder fühlen sich dem Tod gegenüber oft hilflos und allein. Möglicherweise kapseln sie sich von ihrer Familie und selbst von Freunden und Schulkameraden ab.
- Apathie: Nicht selten empfinden Kinder nach dem Verlust eines geliebten Menschen eine Gefühlsleere. Manchmal verlieren sie das Interesse an den Dingen, die ihnen zuvor Freude gemacht haben; sie verfallen in eine Art Lethargie. Hilfe brauchen sie, wenn sie in eine Depression abrutschen.
- Erleichterung: Ältere Kinder empfinden manchmal Erleichterung, wenn sie an den Verstorbenen denken, und haben deswegen Schuldgefühle. Viele reagieren erleichtert, weil der Angehörige jetzt nicht mehr leiden muss.
- Hilflosigkeit: Bei Kindern wird das allgemeine Gefühl der Machtlosigkeit durch den Verlust eines Menschen weiter verstärkt – vor allem wenn es sich um einen Elternteil handelt. Sie reagieren sehr verletzlich und anhänglich.
- Ungeduld: Nach einem Todesfall sind Kinder oft weniger in der Lage, mit Veränderungen und neuen Herausforderungen umzugehen. Auf Rückschläge jeglicher Art reagieren sie gereizt.
- Wut: Bei Kindern zeigt sich die Wut oft in Form von Unmut. Diese kann sich aber auch gegen den Verstorbenen richten, weil er sie alleingelassen hat.

Körperliche Reaktionen

Oft werden diese überschäumenden emotionalen Reaktionen auch körperlich sichtbar. Häufig auftretende körperliche Probleme sind: Kopf- und Magenschmerzen, Übelkeit und Durchfall, Herzrasen, Kurzatmigkeit, Engegefühl im Hals, Zähneknirschen, Atemlosigkeit, Schwindel, Schwächegefühl, Muskelverspannungen, Müdigkeit. Stirbt ein Angehöriger nach einer schweren Erkrankung, kann sich bei Kindern die Angst einstellen, dass körperliche Symptome, die sie auch bei sich feststellen, Vorboten derselben Erkrankung sind. In einer solchen Situation sollte man die Todesursache klar und deutlich ansprechen und dem Kind klarmachen, dass es nicht in Gefahr ist, an derselben Krankheit zu sterben.

Häufige Verhaltensreaktionen

Viel mehr als mit Worten drücken sich Kinder in ihrem Verhalten aus. Unter kindlichen Verhaltensmustern angesichts von Verlust und Trauer gibt es naturgemäß einige, die beunruhigender und gefährlicher sind als andere:

- Unfallneigung: Vor allem heranwachsende Jungen haben im ersten Jahr nach einem Todesfall häufiger Unfälle als nicht trauernde Kinder. Diese Häufung kann sowohl mit zunehmender Geistesabwesenheit als auch mit einer erhöhten Risikobereitschaft zusammenhängen.
- Weinerlichkeit: Bei einigen Kindern äußert sich die Trauer in plötzlichen Tränenausbrüchen; andere weinen fast ständig vor sich hin. Womöglich vermisst das Kind den Verstorbenen sehr und hat Angst vor den Änderungen, die dieser Verlust mit sich bringt.
- Anhänglichkeit: Häufig bei Kindern zu beobachten, die einen Elternteil verloren haben. Aus Angst, auch noch den zweiten abgeben zu müssen, klammern sie sich an Vater oder Mutter und wollen nicht mehr allein bleiben.

- Geistesabwesenheit: Infolge des Schocks über den Verlust leiden viele Kinder – wie Erwachsene auch – an Konzentrationsstörungen.
- Lustlosigkeit: Ein allgemeiner Energiemangel, zunehmende Müdigkeit und fehlende Motivation führen dazu, dass Kinder sich nicht mehr zu Aktivitäten aufraffen können, die ihnen vor dem Todesfall Spaß gebracht haben.
- Hyperaktivität: Ältere Kinder können sich nach einem familiären Todesfall unter Umständen in ständige Aktivitäten flüchten. Oft ist diese Hyperaktivität ein Schutz vor dem mit dem Verlust und der Trauer verbundenen Schmerz. Sie kann zu Problemen führen, wenn dadurch der Trauerprozess blockiert wird.
- Regressives Verhalten: Vor allem kleinere Kinder nehmen häufiger Zuflucht zu Verhaltensweisen, denen sie schon entwachsen waren. Dazu zählen Daumenlutschen, Knuddeltiere für die Nacht und Bettnässen.
- Riskantes Verhalten: Tritt verstärkt im Teenageralter auf und zeigt sich im lockeren Umgang mit Alkohol und Drogen, in der Teilnahme an lebensgefährlichen Aktivitäten, in rücksichtslosem Fahrstil und in symbolischen oder realen Selbstmordversuchen. Spricht Ihr Kind nach einem Todesfall von Suizid, sollten Sie das ernst nehmen und nicht zögern, sich professionell helfen zu lassen, bevor etwas passiert.

Kindern beim Trauern helfen

Ein Kind ist nie zu klein, wenn es um den Tod eines Angehörigen und die Trauer um ihn geht. Schließen Sie es nicht aus, sondern halten Sie sich vor Augen: Verstorbene sind auch die Angehörigen Ihres Kindes! Der Ausschluss von der gemeinsamen Trauer trifft das Kind doppelt: Einerseits hat es das Gefühl, abgeschoben zu sein; zum anderen empfindet es Schuld gegenüber dem Verstorbenen – nämlich ihm etwas Böses getan zu haben, was das Abschieben rechtfertigt.

Hinter dieser Verhaltensweise verbirgt sich bei Ihnen nicht nur die Sorge um das Kind, sondern auch die eigene Unsicherheit. Ein Kind hat das Recht zu trauern. Nehmen Sie Ihr Kind ernst, hören Sie auf seine Vorstellungen und Wünsche und gehen Sie offen und ehrlich auf Fragen ein. Seien Sie vor allem ein aufmerksamer Begleiter an der Seite Ihres Kindes und unterstützen Sie es darin, seinen eigenen Weg zu finden und zu gehen.

Mit Kindern über den Tod reden

Kinder verstehen und verarbeiten viel mehr, als die meisten Erwachsenen denken. Darum ist es wichtig, ihnen von Anfang an offen und ehrlich im Umgang mit Tod und Trauer zu begegnen. Scheuen Sie sich nicht, exakte Begriffe für die Todesursache zu benutzen. Das gilt sogar im Fall von Selbsttötung, Tod durch Aids, Mord usw. Erklären Sie Ihren Kindern, was es bedeutet, wenn Sie mit ihnen über das Geschehene sprechen. Was immer Sie auch sagen, erzählen Sie dem Kind die Wahrheit, und lügen Sie nicht, wenn es um die Tatsachen geht.

Egal, wie schrecklich die Todesumstände auch sind, Kinder und Jugendliche brauchen und verdienen es, die Wahrheit zu erfahren. Erzählen Sie ihnen nicht, jemand sei bei einem Autounfall ums Leben gekommen, wenn er sich in Wirklichkeit selbst getötet hat oder ermordet wurde. Viele Erwachsene glauben, sie schützten die Kinder vor Schmerzen. In Wirklichkeit schützen sie nur sich.

Es ist wichtig, Kindern offen und ehrlich im Umgang mit Tod und Trauer zu begegnen.

Einem Kind die Wahrheit vorzuenthalten steigert dessen Schmerz letztendlich ins Unermessliche, wenn die Wahrheit schließlich offenbar wird. Denn ein „Familiengeheimnis" verhindert einen offenen Umgang mit der Trauer. Es ist

© Ana I. – Pixelio

Um den Tod zu begreifen, ziehen sich kleine Kinder häufig zurück.

nicht leicht, einer Zehnjährigen zu erzählen, dass ihr Vater sich selbst erschossen hat, oder einem Achtjährigen, dass die Mutter ermordet wurde.

Wenn Sie den Kindern nicht die ganze Wahrheit erzählen, werden diese später darüber verletzt und verärgert sein, dass man sie nicht respektiert hat. Sie werden sich fragen, ob sie Erwachsenen trauen können, wenn die, die ihnen am nächsten stehen, sie angelogen haben. Auf diese Weise häufen sich zusätzliche Schwierigkeiten in einer ohnehin komplizierten Lebenssituation an. Dieser Vertrauensbruch kann auch im späteren Leben Auswirkungen haben. Die meisten Kinder erfahren ohnehin, was passiert ist – wenn auch nicht von der eigenen Familie!

Auch wenn die Worte hart und krass erscheinen, sie helfen den Kindern, sich mit der Realität des Todes abzufinden. Benutzen Eltern Ausdrücke wie „er ist gegangen", „er ist eingeschlafen" oder andere Umschreibungen, um die Unannehmlichkeit des Todes abzumildern, kann das die Kinder verwirren. Vermeiden Sie missverständliche Schönmalerei: Ein verstorbenes Geschwisterkind schläft nicht; Gott ist nicht gekommen, um das Kind zu sich in den Himmel zu holen; das Kind wurde nicht „nach Hause gerufen".

Solche Formulierungen verwirren Kinder und erzeugen weitere Ängste. Wenn jemand gestorben ist, sollte der Tod beim Namen genannt werden, ganz gleich, wie alt das Kind ist. Völlig falsch wäre es zu sagen, Opa schlafe ganz tief. Sieht das Kind dann den „tief schlafenden Opa" vor der Beerdigung im Sarg liegen, kann es größte Angst vor dem Schlafengehen entwickeln.

Wenn man Kindern den Tod erklärt, sollte man einfache Worte wählen und möglichst konkret sein. Reden wir über die Endgültigkeit, gehört es dazu, Grundsätzliches zu erklären. Zum Beispiel: „Wenn deine Mutter tot ist, kann sie nicht mehr essen, sehen, hören, singen, umhergehen, lachen oder weinen. Ein toter Mensch schläft nicht, wird nicht hungrig, friert und fürchtet sich nicht."

Es ist normal, dass kleine Kinder ihre Fragen zum Tod wiederholen. Sie lernen die Welt und den Tod kennen, indem sie ständig nachfragen und ihnen immer wieder geantwortet wird. Kleine Kinder lernen durch Wiederholungen. Sie müssen deshalb immer wieder die Geschichte des Geschehenen hören – genauso wie eine bekannte Gutenachtgeschichte.

Es ist für Kinder nicht ungewöhnlich, dass sie den Tod zunächst verleugnen, wenn sie erfahren, eine nahestehende Person sei gestorben. Weichen Sie als Erwachsene allerdings aus, indem Sie versuchen, das Kind mit vertröstenden Worten abzulenken, malen sich Kinder in der Fantasie „Ersatzerklärungen" aus – zum Beispiel „der Vater hat die Familie verlassen", „mein Bruder ist weg, weil ich nicht lieb zu ihm war". Das kann langfristig zu unverarbeiteten Verlustängsten und verdrängter Trauer führen. Experten raten, Kinder in alle Gefühle, Entscheidungen und Vorgänge einzubeziehen, die den Verstorbenen betreffen, damit sie den Verlust wirklich verarbeiten können. Dazu gehört auch, dass die Kinder über ihre Empfindungen reden dürfen. Seien Sie also offen für die Fragen Ihres Kindes und vermitteln Sie ihm die Gewissheit, seine Fragen jederzeit zu beantworten.

Kinder haben ein feines Gespür dafür, wann es in Ordnung ist, Fragen zu stellen, und wann nicht. Überfordern Sie Ihr Kind nicht mit Details, die es nicht hören will, erzählen Sie ihm aber alles, was es einfordert und woran es interessiert ist. Kleine Kinder, die ihre Gefühle noch nicht verbalisieren können, sollten die Gelegenheit erhalten, sich kreativ – malend oder durch Rollenspiele – die Last von der Seele zu „reden".

Auf Wiedersehen!
Oder sollen Kinder mit zur Beerdigung?

„Wie sieht Opa jetzt aus? Wie ein Engel?" Für Kinder ist es wichtig, den verstorbenen Angehörigen zu sehen. Sie können sich nicht vorstellen, dass ein Mensch, mit dem sie zusammen waren, nicht mehr lebt. Sie müssen begreifen, dass ein Angehöriger tot ist, unwiederbringlich, und erfahren, wie jemand tot ist. Es geht darum, Abschied zu nehmen und so die eigene Trauer und die anderer Menschen wahrzunehmen. Fragen Sie Ihre Kinder, ob sie den aufgebahrten Toten sehen wollen. Bejahen sie es, sollten Sie ihnen das ermöglichen. Einen Menschen als Toten zu sehen, entsetzt uns Erwachsene viel stärker als die Kinder.

In Krisenzeiten sollten Sie Kindern das Gefühl der Zusammengehörigkeit vermitteln. Suchen Sie Wege, die Trauer zu ermöglichen, und bieten Sie die Chance, Trauer gemeinsam zu bewältigen. Dabei helfen Rituale wie etwa eine Trauerfeier. Angesichts des Todes erleben Kinder oft ein hohes Maß an Kontrollverlust. Es hilft ihnen, auf dem Weg durch die Trauer eine ihrem Alter und ihrer Reife angemessene Möglichkeit zu haben, sich nach eigenen Wünschen an den Trauerritualen zu beteiligen. Einige Kinder haben Schwierigkeiten, eine Wahl zu treffen. Helfen Sie ihnen, indem Sie ihnen mehrere Optionen anbieten.

Wenn Sie mit den Kindern über die Beerdigungsfeier gesprochen und ihnen den Ablauf und die Umstände in verständlicher Sprache erklärt haben, sollten sich die Kinder entscheiden können, ob sie teilnehmen wollen oder nicht. Zum Beispiel können Sie den Kindern sagen, dass eine Beisetzung die Möglichkeit bietet, das Leben der verstorbenen Person zu würdigen und Trauer zum Ausdruck zu bringen. Sie sollten ihnen erklären, dass Menschen dort weinen und die verstorbene Person in einem Behältnis liegt, das man Sarg nennt. Lassen Sie die Kinder wissen, dass die Person anders aussieht, als sie sie in der Erinnerung haben.

Seien Sie darauf vorbereitet, dass Ihr Kind seine Meinung unter Umständen kurz vor der Beisetzung ändert. Es ist wichtig, Alternativen bereitzuhalten. Dies gilt natürlich auch, wenn ein Kind sich während der Beisetzung anders besinnt. Es sollte ein Erwachsener anwesend sein, der nur für das Kind da ist, für eventuelle Fragen oder als Begleiter, wenn das Kind gehen möchte.

Alle anderen können dann ungehindert an der Trauerfeier teilnehmen. Das Kind kann die Feier verlassen, ohne dafür getadelt zu werden. Trauernde Kinder brauchen ein Erinnerungsstück an den Toten – sei es ein Taschentuch der Oma, das Kuscheltier des verstorbenen Bruders, ein Pullover der Mutter –, das sie festhalten, während sie emotional langsam loslassen. Und sie brauchen vor allem eins: eine enge Bezugsperson an ihrer Seite, die ihnen Halt und viel Liebe gibt!

Das Trauern erleichtern

Wollen Sie Kinder durch schwierige Zeiten begleiten, ist es gut, sich an eigene Kindertage zu erinnern, zu spüren, was damals hilfreich oder hemmend war: Wann ist es angebracht, mit dem Kind zu reden, wann zu schweigen, Gefühlen einen weiten Raum zu geben oder diese zu beruhigen. Mit Kindern zu trauern heißt, sich von ihnen an die Hand nehmen zu lassen, mit ihnen zu gehen, sich auf ihr Tempo einzulassen, nicht vorauszueilen und sie vor allen Dingen nicht zu verwirren. Ein Kind kann traurig sein, weinen und schreien, im nächsten Moment aber wieder zum Spielen übergehen. Es kann eine Frage stellen, ohne unbedingt eine Antwort darauf haben zu wollen.

Ein Kind kann traurig sein, weinen und schreien, im nächsten Moment aber wieder zum Spielen übergehen.

Kinder vermögen leicht, die für sie heilsamen Wege zu beschreiten, um mit den vielfältigen Gefühlen der Trauer umzugehen. Wenn sie den Vater, die Mutter, den Bruder oder die Schwester durch Tod verlieren, bricht für sie das gesamte Familiengefüge zusammen. Als Erwachsene sind Sie so in der eigenen Trauer gefangen, dass Sie den Kindern in ihrer Trauer nicht helfen können. Zudem trauern Kinder anders. Sie können jedoch Schaden an der Seele nehmen, wenn man ihnen keine Trauer zugesteht.

Das trauernde Kind braucht die Unterstützung und Nähe eines vertrauten Erwachsenen und das Wissen, sich an jemanden wenden zu können. Körperliche Nähe von Erwachsenen gibt ihm zudem das beruhigende Gefühl von Geborgenheit und Zuwendung. Vermitteln Sie Zuverlässigkeit. Pflegen Sie die alltäglichen Rituale wie die Mahlzeiten, Hausaufgaben, die Zeiten des Schlafengehens usw. Ermöglichen Sie Ihrem Kind, seiner Trauer durch Spiel oder Malen Ausdruck zu verleihen (aber bewerten Sie dies nicht). Schenken Sie dem Kind Geduld, Liebe, viel Aufmerksamkeit und Verständnis. Signalisieren Sie ihm, dass es jederzeit zu Ihnen kommen kann, wenn es etwas erzählen oder einfach nur weinen möchte. Zeigen Sie dem Kind Ihre persönlichen Trauerreaktionen. Nur so kann es lernen, die eigene Trauer nicht zu unterdrücken.

Verbringen Sie vor dem Schlafengehen zusätzliche ruhige Momente mit Ihrem Kind. Dabei können Sie Geschichten vorlesen, zum Beispiel aus einem Buch, das mit dem Tod altersgerecht umgeht. Achten Sie auf die Gesundheit Ihres Kindes, und sorgen Sie dafür, dass es ausreichend isst, sich bewegt und ausruht. Sprechen Sie mit den Lehrern über den Verlust, und bitten Sie darum, Sie über Verhaltensänderungen zu informieren, die eventuell mit Schwierigkeiten bei der Trauerbewältigung zusammenhängen.

Gravierende Veränderungen, wie etwa ein Umzug oder ein Schulwechsel, sollten im ersten Jahr nach dem Tod eines Angehörigen unterbleiben. Oft ist es hilfreich, wenn Sie sich bei der Trauerbegleitung Ihres

Kindes helfen lassen. Denn Kinder können mit Außenstehenden leichter über ihre Gefühle sprechen (bzw. diese äußern) als mit betroffenen Angehörigen.

Spielerische Verarbeitung

Kinder können ihrer Trauer freien Lauf lassen, hemmungslos weinen und im nächsten Augenblick ihre Trauer durch intensives Spielen verarbeiten. Dafür brauchen sie Raum, um im symbolischen Spiel ihre Erfahrungen und Gefühle aufzuarbeiten. Auch Rituale können Sie spielerisch gestalten, um den Trauerprozess des Kindes zu erleichtern. Es kann in die Grabpflege eingebunden werden, indem es selbst gepflückte Blumen in eine Vase stellt, die Pflanzen begießt oder ein von ihm gemaltes Bild aufstellt. Solche Situationen laden ein, über vorhandene Gefühle zu sprechen und diese so aufzuarbeiten.

Einem Kind hilft es beim Trauern, etwas aktiv zu tun. Wichtig bei solchen Aktivitäten ist: Sie müssen das Kind ermutigen, seine Gefühle in Bezug auf den Verlust auszudrücken oder sich an den Verstorbenen zu erinnern. Momente tiefer Trauer wechseln ab mit längeren Phasen der Unauffälligkeit. Es ist wie ein Hinein- und Herausschlüpfen aus dem Trauerprozess. Anfangs überwiegt häufig die Wut. Stellen Sie Gegenstände bereit, an denen das Kind sich austoben kann: alte Kissen, auf die es einschlagen, alte Zeitungen, die es zerreißen, Sandsäcke, die es verprügeln kann. Kinder verarbeiten ihre Gefühle auch beim Spielen. Dabei können Sie oft die Trauerhaltung Ihres Kindes erkennen, die Auseinandersetzung, wenn die Puppen über den Tod sprechen oder ein Stofftier in eine kleine Kiste gelegt wird. Vielleicht auch an der Zerstörung eines Spiels, um die eigene Wut über den Tod zu bewältigen.

Für kleinere Kinder sollten Sie Malstifte, Papier und andere Bastelmaterialien bereithalten, damit sie ihre Gefühle ausdrücken können.

Ältere Kinder und Heranwachsende halten ihre Gefühle auch in Tagebüchern fest. In einem Brief können sie schreiben, wie sehr sie den Verstorbenen vermissen, oder sich von ihm verabschieden.

Erinnerungsrituale

Kinder brauchen mehr noch als Erwachsene Erinnerungsrituale. Für Kinder aller Altersstufen sollten Sie Familienfotos zusammenstellen, auf denen der Verstorbene abgebildet ist. Sie können gemeinsam ein Album anlegen, das Sie zusammen betrachten, und dabei Geschichten und Erinnerungen austauschen. Dafür eignen sich natürlich auch Videoaufnahmen von Familienfeiern und Urlauben. Schaffen Sie Gelegenheiten für Familienzusammenkünfte; das kann der Geburtstag des Verstorbenen sein, aber auch ein anderer Tag, an dem sich die Familie vor dem Verlust regelmäßig traf. Ein Erinnerungsritual kann auch durch einen Gegenstand hervorgerufen werden, der das Kind weiter begleitet. Oder Sie besuchen am Todestag regelmäßig das Lieblingsrestaurant des Verstorbenen. Ein wichtiges Ritual auch für Kinder ist es, Kerzen im Gedenken an einen Verstorbenen anzuzünden, einen oder mehrere Gedenksteine zu beschriften und in einem Zimmer oder im Garten auszulegen. Das hilft Kindern ebenso wie besondere Erinnerungen in einer Schachtel aufzubewahren oder ein kleines Bäumchen im Garten zu pflanzen.

Den Tod integrieren

Im Grund fordert ein trauerndes Kind, weil es etwas verloren hat, das für sein Leben wichtig war, seine Begleiter zweifach heraus: Dazu, sich Zeit zu nehmen und Zeit zu geben – für das Kind und für einen selbst. Haben Sie wirklich herausgehört, was das Kind wissen will? Können Sie die Vorstellungswelt des Kindes nachvollziehen? Weichen Sie mit Ihrem Verhalten nicht aus, sondern geben Sie dem Kind mit einfachen Antworten eine Orientierung an die Hand. Ihr Kind zu trösten darf nicht bedeuten, Ihr Kind zu vertrösten. Der Opa ist tot und wird nicht wiederkommen, die Freundin keine Briefe mehr schreiben. Besonders Kleinkindern, die jede atmosphärische Stimmung wahrnehmen, hilft eine beruhigende und sanfte Eindeutigkeit.

Wenn Erwachsene den Tod nicht verleugnen, nicht dramatisieren und nicht banalisieren, sondern ein Kind auf den Verlust vorbereiten und seinem Alter entsprechend in die Prozesse des Sterbens, des Todes und in die Abschiedsrituale einbeziehen, kann es einen guten Rahmen finden, seine Gefühle mit anderen zu teilen. Es kann aktiv Abschied nehmen. Kinder spüren oft sehr genau, was sie verkraften können und was nicht. Ihre Fantasie beschützt sie und hilft ihnen, innerlich weiter zu reifen. Wenn sie eigene Bilder über den Tod entwickeln oder darüber, wie sie sich das Leben nach dem Tod vorstellen, spiegeln sich darin mitunter ihre Ängste, aber auch ihre Hoffnungen.

Wichtig ist, mit ihnen über alles zu sprechen, was sie bewegt. So erleben Kinder selbstverständlicher, dass zum Leben auch der Tod gehört. Wenn sie merken, dass sie damit nicht allein sind, wird ihnen das Leben bald wieder Freude machen. Kinder sind außerdem wunderbare Lehrmeister: Sie machen uns auf vieles aufmerksam, was wir vergessen haben. Sie geben dem Leben die Chance, seine Gesetzmäßigkeiten tiefer zu begreifen. So setzt die Trauer des Kindes Liebe und Zuwendung frei – und genau das brauchen sie, um Trennung und Tod mehr und mehr in ihr Leben zu integrieren.

*„Nichts tut der Seele besser,
als jemandem seine Traurigkeit abzunehmen."*

(Paul Verlaine)

Vom Umgang mit Trauernden

Trauernde und Tröstende haben es nach einem Verlust gleichermaßen schwer. Einfach da zu sein, Gefühle und Gedanken des Trauernden aufzunehmen und auszuhalten, ohne sie verändern oder negieren zu wollen. Das fällt ebenso schwer, wie Gefühle zu zeigen. Viele Menschen fühlen sich in dieser Rolle nicht wohl, besonders dann nicht, wenn sie noch keine eigenen Erfahrungen mit dem Trauern gemacht haben. Aber keine Angst: Alles, was Sie brauchen, ist Sensibilität, Geduld und ein offenes Ohr.

Liebevoll begleiten

Wer einen geliebten Menschen verloren hat, macht es seinen Mitmenschen nicht immer leicht: Der Trauernde verlangt etwas zurück, das auf Erden nicht mehr zu haben ist, und die Mitmenschen können es – bei aller Liebe oder Freundschaft – nicht herbeizaubern. Aber helfen können sie, die schwere Zeit der Trauer gemeinsam durchzustehen. Wer noch nie den Verlust eines ihm nahestehenden, geliebten Menschen zu verschmerzen hatte, macht sich kaum eine Vorstellung davon, mit welcher Wucht ein solches Ereignis die Seele eines Hinterbliebenen durcheinanderwirbelt. Der Trauernde steht vor der sehr schmerzhaften und persönlichen Aufgabe, Abschied zu nehmen und jemanden aufrichtig freizugeben, den er um alles in der Welt nicht loslassen wollte.

Das ist mit der Beisetzung absolut nicht erledigt. Der Trauernde muss sich in einer Zukunft zurechtfinden, die er sich anders vorgestellt hat.

Ungefragt und unfreiwillig ist er gezwungen, sich mit dem Verstorbenen auseinanderzusetzen, ohne mit ihm jemals wieder sprechen zu können. Er steht vor der schweren Aufgabe, das Bild des geliebten Menschen, das er in sich trägt, so umzuformen, dass es ihn auf seinem weiteren Lebensweg begleitet, ohne ihn zu behindern. Angehörige und Freunde können dabei helfen. Wenn Sie einem Trauernden zur Seite stehen wollen, seien Sie einfach Sie selbst. Alles, was Sie brauchen, ist ehrlich empfundenes Mitgefühl. Zeigen Sie es dem Trauernden durch Umarmung, Weinen, Blumen, Nachfragen, praktische Hilfe.

Wechseln Sie nicht die Straßenseite und schließen Sie nicht die Tür, wenn eine betroffene Person an Ihrer Wohnung vorbeigeht. Ein liebevolles Nicken, eine aufrichtige Nachfrage hilft dem Trauernden und gibt ihm das Gefühl, nicht isoliert zu sein. Um mit einem Menschen Mitgefühl zu haben, müssen Sie nicht unbedingt einen ähnlichen Verlust erlebt haben. Sie sollten lediglich erkennen, dass Trauer ein Zustand ist, vor dem alle Menschen gleich sind. Heute trifft es andere, morgen kann es Sie treffen. Insofern leisten Sie ein Stück eigene Trauerarbeit, wenn Sie einen Freund in seiner Trauer unterstützen, indem Sie mitfühlend zuhören.

Schenken Sie Zeit

Trauernde fühlen, dass sie eine Last sind. Da sie das nicht sein möchten, ziehen sie sich zurück. Erwarten Sie nicht, dass der Trauernde auf Sie zukommt. Dafür hat er keinen Sinn und keine Kraft. Erwarten Sie nicht, dass er anruft und Sie um etwas bittet. Nach dem Tod eines geliebten Menschen ist es dem Trauernden unmöglich, als Bittsteller auf andere Menschen zuzugehen. Viel besser ist die konkrete Ankündigung Ihrerseits: „Ich ruf dich morgen wieder an!" oder „Ich komme am Freitag bei dir vorbei." Doris Dörrie bestätigt diese Erfahrung im Magazin „Chrismon": „Der Trauernde kann nicht anrufen, wenn er was braucht. Nein, man muss immer wieder selbst anrufen, auch hinnehmen, dass der Trauernde sagt: ‚Ich kann jetzt nicht telefonieren', und dann trotzdem wieder anrufen."

Ein Trauernder braucht Zeit und Ruhe, um den Verlust zu verarbeiten. Zugegeben: Das ist in einer hektischen, oberflächlichen und auf das schnelle Glück ausgerichteten Gesellschaft schwer zu haben. Sie können dem Trauernden aber Ruhe und Zeit geben. Halten Sie Störungen von ihm fern, nehmen Sie ihm den Alltagskram ab, kaufen Sie für ihn ein oder kochen Sie ihm etwas. Trauernde haben – zumindest in der ersten Zeit nach dem Verlust – wenig Appetit. Wenn das Essen dann aber vor ihnen steht und Sie mit am Tisch sitzen ... Bieten Sie Ihre Dienste diskret an, und achten Sie auf das, was gerade anliegt. Wenn Sie unsicher sind, rufen Sie vorher an. Und erwarten Sie keinen Dank.

Wenn Sie einem Trauernden zur Seite stehen wollen, seien Sie einfach Sie selbst.

Hören Sie zu

Ihr Leben mag weitergehen – nicht aber das des Trauernden. Jedenfalls nicht so, wie er es sich vorgestellt hat. Er möchte reden, den ganzen Tag vom Verstorbenen erzählen. Dafür braucht er jemanden, der ihm zuhört. Das könnten Sie sein. Verabreden Sie feste Zeiten für einen Besuch und hören Sie aufmerksam zu. Ertragen Sie die oft widersprüchlichen, auch ungerechten Gefühlsausbrüche des Trauernden. Versuchen Sie nicht, diese zu steuern oder gar zu unterdrücken. Fragen Sie lieber vorsichtig nach. Damit helfen Sie dem Trauernden, die Beziehung zum Verstorbenen aufzuarbeiten – auch noch lange nach der Beisetzung. Das bringt ihm mehr als jede noch so nett gemeinte „Ablenkung".

Erzählen Sie die kleinen, nebensächlichen Anekdoten von dem Verstorbenen, über die man auch lachen kann, und nennen Sie ihn beim Namen. Ermutigen Sie die trauernde Person, aus sich herauszugehen und die Trauer, die Wut und den Zorn über den Verlust der geliebten Person zu zeigen. Auch Vorwürfe und Fragen wie „Der hat mich im Stich gelassen! Was mache ich jetzt mit dem Haus? Wie soll ich die Schulden zurückzahlen?" müssen ausgesprochen werden.

„Das hast du uns schon tausendmal erzählt!", sagen manche angesichts der beständig wiederkehrenden Erinnerungen Trauernder an ihre Toten – und überhören Unterschiede, die Entwicklung anzeigen: ein anderes Detail, eine neue Stimmung, eine veränderte Deutung oder Perspektive, die der Erzählende derselben Geschichte gibt. „Biografiearbeit" nennen das Fachleute oder „Rekonstruktion von Lebensgeschichte". Erinnern und Erzählen sind unverzichtbare Bestandteile der Verlustbewältigung. Darum: Hören Sie sich die Geschichte auch zum 1001. Mal an!

Haben Sie keine Angst, etwas Falsches zu sagen

Eine der größten Sorgen von Menschen, die Trauernden helfen wollen, ist die Unsicherheit darüber, die richtigen Worte zu finden. Doch die richtigen Worte gibt es nicht. Was kann man jemandem, der den Tod eines geliebten Menschen betrauert, schon anderes sagen, als dass es einem leid tut. Jedes „verrenkte" Wort ist besser als gar keins. „Und jede einfache Anwesenheit ist besser als keine Anwesenheit", betont Doris Dörrie.

Solange Ihre Worte von Herzen kommen und Sie nicht drängeln, können Sie nichts falsch machen. Wenn Ihnen die Worte fehlen, dann sagen Sie es ruhig. Auch ein schweigender gemeinsamer Spaziergang kann einem Trauernden helfen. Verzweifeln Sie nicht, wenn Sie nicht wissen, was Sie sagen sollen. Eine Berührung, ein stummer Händedruck, eine Umarmung sagen oft mehr als Worte. Das Schlimmste ist, dem Betroffenen auszuweichen und sich im Supermarkt hinter einem Regal zu verstecken, um eine Begegnung zu vermeiden. Besser als wegzuschauen ist es, die eigene Hilflosigkeit einzugestehen: „Ich weiß gar nicht, was ich sagen soll."

Offene Anteilnahme

Trauernde wollen spüren, dass sie mit ihrem Schmerz nicht allein sind. Haben Sie keine Scheu, einen Hinterbliebenen auf den Tod des geliebten Menschen anzusprechen. Trauernde erwarten und wünschen das. Viele Betroffene können erst dann über den Schmerz sprechen, wenn sie gefragt werden. Fragen Sie ganz konkret: „Wie geht es dir nach dem Tod deiner Tochter? Kann ich etwas für dich tun?" Bieten Sie Ihre Hilfe nur dann an, wenn Sie es ernst meinen. Damit zeigen Sie dem Trauernden Ihre Wertschätzung und lassen ihn spüren, dass er mit seinen Sorgen nicht allein ist. Wenn Sie nicht offen zu Ihrer Hilflosigkeit oder Scheu stehen, fühlt sich der Trauernde noch mehr alleingelassen. Er hat nicht nur eine liebe Person verloren, sondern fühlt sich auch aus der Gemeinschaft der Mitmenschen ausgegrenzt.

Wenn die eigene Trauer hochkommt

Wenn Sie sich auf die Trauer eines Freundes oder Angehörigen einlassen, um ihm zu helfen, kann es sein, dass Ihre Trauer über einen selbst erlittenen Verlust wieder hochkommt und Sie in Tränen ausbrechen. Das kann auch passieren, wenn der Trauerprozess längst abgeschlossen ist. Was also tun, wenn der eigene Schmerz an die Oberfläche drängt, während Sie einem anderen Menschen zuhören, der gerade von seinem Schmerz erzählt? Gestehen Sie ein, dass Sie so überwältigt sind, dass der eigene Schmerz wieder hochkommt. Niemand wird mehr Verständnis für Sie aufbringen als Ihr Gesprächspartner.

Kritische Tage

Was kann man an besonderen Tagen tun, am Todestag, am Geburtstag des Verstorbenen, am Hochzeitstag oder am Wochenende, das Hinterbliebene oft als besondere Belastung empfinden? An solchen Tagen ist es schön, sich zu melden, um zu zeigen: „Ich denke an dich." Noch besser ist es, schon vorher anzurufen und sich zu erkundigen, was der Trauernde an einem besonderen Tag vorhat. Am Todestag kann man beispielsweise anbieten, mit ans Grab zu gehen. Besonders an kritischen Tagen ist die größte Hilfe: nahe sein, präsent sein.

Den Alltag verschönern

Begleiten Sie den Trauernden auf den Friedhof, oder laden Sie ihn ins Café ein. Holen Sie ihn zu einem Spaziergang ab, oder fragen Sie an, ob er Lust auf einen kleinen Stadtbummel oder einen Museumsbesuch hat. Es ist für den Trauernden eine willkommene Abwechslung, die ihn aus dem Alltag herausreißt. Machen Sie diese Vorschläge wohldosiert, damit es nicht den Anschein hat, Sie wollten die Trauer kleinreden.

Hin und wieder eine Abwechslung tut gut, ohne den Trauernden mit einem Freizeitprogramm von der Trauerarbeit ablenken zu wollen. Geben Sie ihm auch bei diesen Unternehmungen die Möglichkeit, über die geliebte Person und deren Tod zu erzählen. Der Schmerz über den Verlust wird dadurch erträglicher. Geben Sie Anregungen für gemeinsame Aktivitäten, ziehen Sie sich aber nach einer Ablehnung nicht beleidigt zurück, sondern zeigen Sie Verständnis und machen Sie nach einiger Zeit einen erneuten Anlauf.

Machen Sie keine falschen Versprechungen wie zum Beispiel „Ich komme vorbei" oder „Ich bin immer für dich da", wenn Sie das weder halten können noch wollen. Trauer ist kein Tagesgeschäft. Halten Sie, was Sie versprochen haben, und bleiben Sie dran. Auszuhalten und da zu sein ist jetzt Ihre Aufgabe. Andernfalls riskieren Sie diese Beziehung oder Freundschaft. Trauernde merken genau, wer sie tatkräftig stützt und wer nur davon spricht.

> *„Trösten ist eine Kunst des Herzens.*
> *Sie besteht oft darin,*
> *liebevoll zu schweigen*
> *und schweigend mitzuleiden."*
>
> (Otto Leixner von Grünberg)

Nehmen Sie dem Hinterbliebenen nicht die Trauer

Beobachten Sie den Hinterbliebenen aufmerksam und fürsorglich. Er verändert sich während des Trauerprozesses. Kommentieren und bewerten Sie ihn und sein Verhalten jedoch nicht. Haben Sie den Eindruck, dass er Hilfe braucht, sprechen Sie darüber und suchen Sie gemeinsam nach Möglichkeiten, ihm diese Hilfe zukommen zu lassen. Sind seit dem Tod eines Menschen mehrere Monate verstrichen, ist die Umwelt oft erleichtert, wenn das Thema (scheinbar) vom Tisch ist und man endlich wieder zur Tagesordnung übergehen kann.

Manche fürchten auch, den Trauernden an den Verlust zu erinnern, wenn er gerade nicht daran denkt oder sogar darüber hinweg ist. Doch man löst keine Trauer aus, indem man über sie spricht. Im Gegenteil, sprechen Sie den Verlust immer wieder dezent an und hören Sie genau hin, wie Ihr Gegenüber reagiert. Fragen Sie einfach: „Wie geht es dir damit?" Viele Trauernde haben sonst das schreckliche Gefühl, dass der Tote totgeschwiegen und aus dem Leben ausgeklammert wird. Bei den meisten dauert die akute Trauerphase etwa zwei Jahre, wobei jeder anders trauert. Deshalb gilt in jedem Fall: Der Trauernde gibt das Tempo vor.

Vermeiden Sie Plattitüden!

Spielen Sie den Verlust nicht mit Plattitüden oder klischeehaften Formulierungen herunter. Der Trauernde fühlt sich meist schon stigmatisiert genug, weil er trauert. Denn wie der Tod ist in unserer Gesellschaft auch die Trauer an den Rand gedrängt und soll möglichst nicht stattfinden, zumindest nicht in der Öffentlichkeit. Sie helfen dem trauernden Menschen nicht, wenn Sie ihn mit Phrasen wie „Das Leben geht weiter" von seiner Trauer abzulenken versuchen. Unterstützen Sie ihn lieber darin, diese voll und ganz auszudrücken. Und versuchen Sie nicht, ihn zu trösten, indem Sie ihm sagen „Ich weiß, wie du dich fühlst". Sie wissen es nicht, und der Trauernde weiß es angesichts der emotionalen Achterbahnfahrt, die er durchlebt, auch nicht. Auch die wohlgemeinte Binsenwahrheit „Die Zeit heilt alle Wunden" ist fehl am Platz.

Lassen Sie ihn lieber wissen, dass Sie sich darüber im Klaren sind, dass sein Trauerprozess Zeit braucht. Wenig hilfreich ist auch der Satz: „Denk nicht dauernd daran!" Was ist Trauern denn anderes, als an den schrecklichen Verlust zu denken, den man erlitten hat? Oft hören Trauernde die kritische Bemerkung: „Es muss auch mal weitergehen." Wenn Sie einem Trauernden sagen, er solle den nächsten Schritt tun, bevor er dazu bereit und in der Lage ist, tun Sie ihm keinen Gefallen. Sie stoßen ihn nur vor den Kopf, statt ihn auf seinem Trauerweg zu unterstützen. Hüten Sie sich vor Geschmacklosigkeiten wie „Wer weiß, wofür es gut ist!" Sie sind nicht allwissend. Für den Hinterbliebenen ist der Schmerz über den Verlust schwer, auch wenn der Verstorbene vorher gelitten hat. In diese Kategorie fällt auch die Redewendung: „Er hatte ein so erfülltes Leben."

Mit solch gut gemeinten Aussagen müssen wir vorsichtig sein. Denn sie verletzen, vertrösten und nehmen die Not des trauernden Menschen nicht ernst! Vertröstungen haben immer etwas Zurückweisendes an sich, Trost enthält immer etwas Einladendes. Weitere verletzende Phrasen, die Sie meiden sollten, sind: „Du wirst schon darüber hinwegkommen", „Es war das Beste für sie/ihn", „Du musst dich zusammenreißen", „Jedes Leben geht einmal zu Ende", „Du hast doch noch deine Kinder", „Nimm das alles nicht so tragisch", „Du musst nach vorn schauen", „Tränen helfen da auch nicht weiter", „Jeder hat sein Kreuz zu tragen", „Lass dich nicht so gehen!", „Lass uns von etwas anderem sprechen!", „Das war doch kein Leben mehr", „Besser jetzt als später", „Gott weiß schon, wofür das gut war", „Wer weiß, was ihr alles erspart geblieben ist", „Denk doch dran, wie gut es ihr jetzt geht."

Floskeln jeglicher Art sind verletzend, da sie den Trauernden und seine Gefühle nicht ernst nehmen. Sie spielen seinen Schmerz herunter und werten den Verstorbenen ab. Wer einen trauernden Angehörigen oder Freund begleiten und unterstützen möchte, sollte mitfühlende, liebevolle Worte finden. Oder sein Mitgefühl auf andere Weise zum Ausdruck bringen. Nach dem Tod meiner Eltern habe ich viele solcher Sätze gehört, vor allem von Verwandten. Sie haben nur eines bewirkt: den Rückzug. Ich wollte und will mir nicht sagen lassen, wie ich „meinen" Verlust zu bewältigen habe. Von niemandem. Das sollten auch Sie sich nicht vorschreiben lassen.

Die Trauer um Menschen, die man geliebt hat und die man sein Leben lang weiter lieben wird, verändert. Ich bin verletzlicher geworden, hellhöriger, was die Empfindungen anderer Menschen anbetrifft, weniger kompromissbereit, weil ich weiß, dass mein Leben nicht ewig währt.

„Die Hoffnung rührt mich,
sie nährt ja die halbe Welt,
und ich hab sie mein Lebtag zur Nachbarin gehabt.
Was wär sonst aus mir geworden?" (Ludwig van Beethoven)

Anhang

Literaturempfehlungen

Wolfgang Bader (Hg.): Mit einem Mal war alles ganz anders. Bekannte Menschen erzählen von ihrer Trauer, Oberpframmern 2009.

Jorgos Canacakis: Ich begleite Dich durch Deine Trauer. Förderliche Wege aus dem Trauerlabyrinth, Stuttgart 2007.

Claudia Cardinal: Sterbe- und Trauerbegleitung. Ein praktisches Handbuch, Düsseldorf 2005.

Joan Didion: Das Jahr magischen Denkens, Berlin 2006.

Barbara Dobrick: Wenn die alten Eltern sterben. Das endgültige Ende der Kindheit, Stuttgart 2007.

Jo Eckhardt: Wohnst du jetzt im Himmel? Ein Abschieds- und Erinnerungsbuch für trauernde Kinder, Gütersloh 2005.

Ruth Eder: Ich spür noch immer ihre Hand. Wie Frauen den Tod ihrer Mutter bewältigen, Freiburg i. Brsg. 2008.

Ursula Eichenberger: Tag für Tag. Was unheilbar kranke Kinder bewegt, Zürich 2005.

Gertrud Ennulat: Kinder trauern anders. Wie wir sie einfühlsam und richtig begleiten, Freiburg i. Brsg. 2007.

Gertraud Finger: Wie Kinder trauern. So können Eltern die Selbstheilungskräfte ihrer Kinder fördern, Stuttgart 2008.

Christine Fleck-Bohaumilitzky, Christian Fleck: Wenn Kinder vor ihren Eltern sterben. Ein Begleiter für verwaiste Eltern, Stuttgart 2008.

Margit Franz: Tabuthema Trauerarbeit. Erzieherinnen begleiten Kinder bei Abschied, Verlust und Tod, München 2008.

Gabriele Gérard: Florian, geb. 1976. Trauer die bleibt, Berlin 2004.

Genevieve D. Ginsburg: Trauer, Schuld und Zorn. Weiterleben nach dem Tod des Partners, Freiburg i. Brsg. 2000.

Tina Gomez, Carin Dioda: Warum konnten wir dich nicht halten? Wenn ein Menschn, den man liebt, Suizid begangen hat, Stuttgart 2006.

Joseph Groben: Requiem für ein Kind. Trauer und Trost berühmter Eltern, Berlin 2001.

Petra Hohn: Plötzlich ohne Kind, Gütersloh 2008.

Eva Höschl, Nana Kutschera: Tschüss Oma. Ein Kinderbuch zu Abschied und Trauer, Wuppertal 2008.

Bernard Jakoby: Keine Seele geht verloren. Hilfe und Hoffnung bei plötzlichen Todesfällen und Suizid, Reinbek b. Hamburg 2008.

Elisabeth Kübler-Ross: Kinder und Tod, München 2008.

Annette Kulbe: Sterbebegleitung. Hilfen zur Pflege Sterbender, München 2008.

Arnold Langenmair: Trauerbegleitung. Beratung – Therapie – Fortbildung, Göttingen 1999.

Christa Pauls, Uwe Sanneck, Anja Wiese: Rituale in der Trauer, Hamburg 2007.

Hermien Stellmacher, Jan Lieffering: Nie mehr Oma-Lina-Tag? Stuttgart 2005.

Birgit Voß: Kinder in Trauer. Kinder beim Abschiednehmen begleiten, Saarbrücken 2005.

Anja Wiese: Um Kinder trauern. Eltern und Geschwister begegnen dem Tod, Gütersloh 2009.

Christina Zacker: Richtiges Verhalten im Trauerfall. Kondolenzbriefe, Todesanzeigen, Trauerreden und Beileidsbezeugungen, München 2005.

Adressen

Verbraucherinitiative Bestattungskultur Aeternitas e.V.:
Friedhofswälder und sonstige Baumbestattungsorte in Deutschland
www.krematorien-online.de

Oase der Ewigkeit e.V.:
deutscher Anbieter von Naturbestattungen mit Sitz in der Schweiz,
der mit vielen Bestattungsunternehmen in Deutschland kooperiert
Oase der Ewigkeit GmbH
Haus 323, CH-1988 Les Collons
Tel. 0041 272813460
www.naturbestattungen.de

Spanien Bestattungen S. L.:
deutscher Anbieter für Naturbestattungen in Spanien
Virgen del Carmen No. 3, Buzon 30
E-11130 Chiclana de la Frontera (Cádiz)
Tel. 0034 956239098
www.spanien-bestattungen.de

Initiative Regenbogen. „Glücklose Schwangerschaft" e.V.:
Kontaktkreis für Eltern, die ein Kind durch Fehlgeburt, Frühgeburt,
Todgeburt oder kurz nach der Geburt verloren haben
www.initiative-regenbogen.de

Leben ohne dich e.V.:
Austauschmöglichkeit für Eltern, die ihr Kind verloren haben
www.leben-ohne-dich.de

Bundesverband Verwaiste Eltern in Deutschland e.V.:
bietet Hilfe für trauernde Angehörige und Menschen,
die sie begleiten möchten
An der Verfassungslinde 2, D-04103 Leipzig
Tel. 0341 9468884
www.veid.de
E-Mail: kontakt@veid.de

Nicolaidis-Stiftung:
Hilfe für verwitwete Mütter und Väter
Nicolaidis Stiftung gemeinnützige GmbH
Adi-Maislinger-Straße 6–8, D-81373 München
Tel. 089 74363202
www.nicolaidis-stiftung.de
E-Mail: info@nicolaidis-stiftung.de

Patientenschutzorganisation Deutsche Hospiz Stiftung
Europaplatz 7, D-44269 Dortmund
Tel: 0231 7380730
www.hospize.de

Virtuelle Gedenkseiten
Virtueller Friedhof: www.strassederbesten.de

Trauerportale
www.memoriam.de
www.verwitwet.org
www.trauerportal.de
www.nachrufe.de
www.unsere-verstorbenen.de
www.memosite.de
www.gute-trauer.de